100자에 담다. 인생

오석원 지음

100자에 담다, 인생

1쇄 인쇄 | 2015년 04월 27일
초판 발행 | 2015년 05월 01일

저자 | 오석원

펴낸이 | 고봉석
책임편집 | 곽선정
일러스트 | 김신건
편집디자인 | 이경숙
펴낸곳 | 이서원
주소 | 서울시 서초구 신반포로 43길 23-10 서광빌딩 3층
전화 | 02-3444-9522
팩스 | 02-6499-1025
이메일 | books2030@naver.com
출판등록 | 2006년 6월 2일 제22-2935호

ISBN | 978-89-97714-50-6
ⓒ 오석원 (저작권자와 맺은 특약에 따라 심인은 생략합니다)

이 도서의 국립중앙도서관 출판시도서목록(CIP)은 서지정보유통지원시스템 홈페이지(http://seoji.nl.go.kr)와
국가자료공동목록시스템(http://www.nl.go.kr/kolisnet)에서 이용하실 수 있습니다. (CIP제어번호 : CIP2015011915)

100자에 담다. 인생

오 석 원 지음

이서원

※ **일러두기**

- 각각의 주제는 살아가면서 맞닥뜨리거나 체험, 경험하는 혹은 몇 번쯤 생각하거나 고민하는 등의 인생과 연관된 주요 키워드keyword를 중심으로 선정하였다.
- 각 주제의 글자 수는 100자 내외(90~110자)로 썼다. 쉽고 빠르게 이해할 수 있도록 간결하고 정제된 언어로 의미를 함축하였다.
- 의미 전달상 편의와 편리를 위해 문법이나 맞춤법을 일부 무시·생략하였다.
- 각 주제의 하단에는 책을 만들기 전 SNS(페이스북, 카페, 블로그, 카카오스토리, 밴드 등 소셜네트워크서비스)에 게시된 글을 보고 올린 반응들을 〈SNS댓글덧글〉로 모았다. 익명으로 옮긴 〈SNS댓글덧글〉은 가급적 원문을 그대로 실었으나 독자의 이해를 위해 일부 수정하였다.

프롤로그

《100자에 담다. 인생》은 마음과 영혼을 건강하게 살찌우는 데 도움을 주기 위하여 쓰여졌다. 필자가 지난 27년 동안 기자 생활을 하면서 수많은 사람들과의 만남을 통해 얻은 결과물이다. 그들과의 대화와 관찰, 취재를 통해 엮어낸 공통분모를 바탕으로 하고 있다. 남녀노소, 지위 고하, 직업의 귀천을 가리지 않고 만난 삶의 현장에서 길어 올린 청량한 샘물과도 같다.

《100자에 담다. 인생》은 간결하다. 편하게 읽고 쉽게 이해할 수 있도록 전달하고자 하는 내용을 최대한 함축적으로 표현하였다. 각 주제마다 글자 수를 100자 내외(90~110자)로 한정한 까닭이다.

《100자에 담다. 인생》은 재미있다. 짧은 글이지만 위트, 반전, 풍자, 역설을 가미해 흥미는 물론 공감과 소통이 느껴지는 묵직한 울림〔共鳴〕이 전해지도록 하였다. 여기에 여러 사람들의 각기 다르면서 '임팩트Impact'한 〈SNS댓글덧글〉도 쏠쏠한 재미를 더한다.

《100자에 담다. 인생》은 활력 충전이다. 스트레스와 불안, 우울증을 줄여 주고 대신 감사와 긍정, 희망과 힐링Healing의 에너지를 불어넣어 준다. 《100자에 담다. 인생》에 실린 글들은 지난 1년 반 동안 〈인생 비타민〉이란 제목으로 페이스북, 카카오톡, 밴드, 카페, 블로그 등 SNS를 통해 공개되었고, 수많은 사람들이 공감하고 환호했다.

《100자에 담다. 인생》은 《플러스 인생》이라 불러도 좋다. 각 주제마다 SNS상 댓글이나 덧글 반응 중 '참조'할 만한 것들을 골라 실었기에 그렇다. 그 가운데에는 본문이 전하는 메시지보다 강렬한 인상이나 여운을 던져주는 글도 많다.

《100자에 담다. 인생》은 두 번 세 번 되뇌어 읽어보기를 권한다. 마시기 전에 향부터 즐기고 입안에 머금는 와인처럼. 《100자에 담다. 인생》을 그처럼 읽는다면 보다 '숙성'된 맛을 음미할 수 있을 것이다.

《100자에 담다. 인생》이 만들어지기까지 도움을 준 수많은 취재원들과 SNS 누리꾼들에게 고마운 인사를 전한다. 사랑하는 아내와 딸 그리고 뜻과 힘을 더해 준 지인들에게도 감사를 드린다.

《100자에 담다. 인생》이 부디 독자 여러분들의 행복한 삶에 영향을 주는 영혼의 비타민이 되길 바란다.

2015년 봄
지은이 오석원

CONTENTS

6
자연과 인생의 순리 안에서

나를 바라보고,
세상을 바라보고

세상은 나를 위해

세상은 나를 위해

손을 내밀지 않는다
관심을 갖지 않는다
등을 내주지 않는다
도와주려 하지 않는다
박수를 보내지 않는다
노래하지도 않는다

내가 춤을 추도록
누구도 노래하지 않는다
누구도 박수치지 않는다

그대 춤을 추고 싶거든
스스로 노래하라
스스로!

SNS댓글덧글

ㄴ 자기 노래에 춤출 정도면 웬만한 고수가 아니고선 불가능! 문제는 고수가 되기까지의 과정이 아닐
지…

ㄴ 맞는 말씀입니다. 세상은 나를 위해 노래하지 않는 것 같습니다. 내가 노래하면 박수 정도만 쳐줘도
살만한 세상일 것 같아요 - -

ㄴ
┌───┐
│   │
│   나의 댓글 │
└───┘

남의 눈

동네 뒷산 오르면서 히말라야 등반 차림으로

타인의 시선을 스스로 만들어 내고
거기에 맞추려고 안달하며 산다

정작 나를 보는 이는 나 자신인데…

"나는 못 보고 타인들만 보였지
내 안은 안 보이고 내 바깥만 보였지"*

묻는다
오늘도 남의 시선의 노예로 사는가

* 유안진 시 〈내가 나의 감옥이다〉 중.

SNS댓글덧글

ㄴ 절대 공감. 우리나라 등산객들은 대부분 전문 산악인 차림이라는 것. 등산길에 명품 등산복 패션쇼
　를 보는 것 같아요. 등산 자체보다는 남에게 잘 보이기 위해서 그런 것은 아닌지…?

ㄴ 나를 불편하게 하는 것은 결국 타인의 시선?

ㄴ 실은, 내가 생각하는 만큼 남들이 나를 의식하지 않는다는 게 정설이지요.

ㄴ
┌───┐
│   │
│   나의 댓글 │
└───┘

자가진단법

새가 운다고 말하는 건
내 안에 아픔이 있다는 뜻

새가 노래한다고 하는 건
내 안에 즐거움이 있다는 뜻

비가 내린다고 말하는 건
무료하다는 고백

비가 온다고 말하는 건
기다림이 있다는 증거

그녀의 얼굴을 보는 건
좋아하는 단계이고

그녀의 눈동자를 보는 건
사랑하고 있음이다

SNS댓글덧글

ㄴ 저는 사람 보면 눈부터 마주치는데 그럼 사랑으로 직행하는 건가요?

ㄴ 새소리 우는 숲엔 바람도 운다~~ㅋ

ㄴ 대개 서양 사람들은 새가 기뻐서 노래를 부른다 하고, 동양 사람들은 새가 슬퍼서 운다고 합니다. 그러나 새는 노래하지도 울지도 않습니다. 새는 자기의 위치를 알리기 위해서, 짝을 찾기 위해서 그리고 건강을 위해서 소리를 낸다고 합니다. 어느 조류학자의 글입니다.

ㄴ

나의 댓글

무얼 핑계하는가

너무 바빠서
잘생기지 못해
가진 돈이 없어서
이젠 나이가 들어서
내세울 능력을 갖지 못해
남 앞에 나설 용기가 없어서
남들처럼 많이 배우지 못해…

핑계는 스스로 만든 무덤

"나는 신발이 없다고 한탄했는데,
거리에서 발이 없는 사람을 보았다"*

그대 핑계하지 말라
발이 있다면

* 데일 카네기 Dale Carnegie. 컨설턴트. 1888~1955

SNS댓글덧글

∟ 핑계라는 놈에게 자주 말할 기회를 주면 그만큼 반성이라는 놈이 자주 말할 기회를 잃는다.
  소설가 이외수의 말입니다.
∟ 부모 탓 조상 탓 상사 탓 부하 탓… 네 탓만 하다가는 한 발짝도 앞으로 나갈 수 없다는 데 한 표!
∟ If you don't want to do something, one excuse is as good as another.
  하고 싶지 않은 일이 있다면 이 핑계나 저 핑계나 마찬가지다. 유대인 속담에서.

∟ ┌───┐
  │   나의 댓글 │
  └───┘

따르지 않는 이유

돈이 따르지 않는다
게으른 사람에겐

행운이 따르지 않는다
시기가 많은 사람에겐

친구가 따르지 않는다
믿음이 없는 사람에겐

사랑이 따르지 않는다
자기만 생각하는 사람에겐

만족이 따르지 않는다
비교하는 사람에겐

따르지 않는 그 모든 이유
네게 있다

달라져라

SNS댓글덧글

┗ 행복이 따르지 않는다. 만족을 모르는 사람에겐.

┗ 사랑이 따르지 않는다. 사랑을 받으려고만 하는 사람에겐~~

┗ 강아지가 따르지 않는다. 내가 주인이 아니기에 ㅋㅋ

┗ ┌───┐
   │   │
   │   나의 댓글 │
   └───┘

알다가도 모를 일

알다가도 모를 일

우리집 일은 언제나 힘든데
남의 일 돕는 건 힘든지 모른다

자식이 아프다 하면 가슴이 철렁한데
부모가 아프다 하면 머리가 복잡해진다

높이 오를수록 멀리 내려다보이는데
지위가 높을수록 더 높은 권력만을 좇는다

이젠 모르다가도 알아야 할 일들

SNS댓글덧글

ㄴ 부모가 아프다 하면… 대략 난감! 머리부터 복잡해진다… 대략 공감!

ㄴ 부모가 아픈 것하고 자식이 아픈 것하고 느낌이 다른 건 사랑의 속성이 내리사랑이기 때문이 아닐
  까요??

ㄴ 알다가도 모를 일 또 있지요. 정치인 개개인은 다들 똑똑한데 정치는 왜 그리 똑똑하게 못하는 건지…

ㄴ
  나의 댓글

용납할 수 없는 변명

열정이 식어서
시간이 없어서
나이가 들어서
할 수 없고, 하지 못한다고?

괴테는 〈파우스트〉를 82세에 완성했고
베르디는 85세에 〈아베마리아〉를 작곡했으며
화가 리버맨은 101세에 스물두 번째 개인전을 가졌다

죽기 전에는
용납할 수 없는 변명
열정, 시간, 나이

SNS댓글덧글

└ 세월아 비켜라. 내 나이가 어때서 사랑하기 딱 좋은 나인데~~ㅋㅋ

└ 황안나 할머니라는 분도 65세 때 해남 땅끝마을에서 파주 통일전망대까지 도보로 국토종단을 했다네요. 완전 짱~~

└ 가장 나쁜 버릇이 탓하는 버릇이랍니다. 남 탓이라 생각하면 한 발짝도 더 나가지 못하고, 내 탓이라 여기면 발전 가능성이 충분하답니다.

└ ┌─────────────────────────────────────┐
   │   │
   │   나의 댓글 │
   └─────────────────────────────────────┘

실패를 위한 변명

아이가 두 발로 일어서기까지
수차례 넘어지기를 반복하는 것
실패란 그런 것
도전과 시도와 모험이 없다면 불가능한 일

실패한 이유는
문제점보다 해결책을 몰랐기 때문

중요한 건
실패하지 않는 게 아니라
넘어질 때마다 다시 일어서는 것
오뚝이처럼

SNS댓글덧글

ㄴ 일본 기업 혼다의 창업자인 혼다 소이치로는 자신이 지금까지 한 일의 99%는 실패였다고 했지요.
　 1%만 성공해도 성공한다는 뜻??

ㄴ 어떠한 실패도 실패가 아니다. 포기할 때가 실패인 것이다. 제가 생각나서 써본 말인데.. 어디에서
　 들은 것 같기두 하고 아닌 것 같기도 하구 ㅋㅋ

ㄴ 마지막 열쇠가 자물쇠를 열지 모른다. 실패하더라도 한 번 더 일어서라!

ㄴ ┌───┐
　 │   │
　 │   나의 댓글 │
　 └───┘

당신은 어떤 고수?

고수에도 차이가 있다

스스로 잘난 고수는
오만한 생각에 빠지기 쉽고
교만한 행동을 하기 쉬우며
자만한 결과로 무너지기 쉽다

남들이 인정하는 고수는
자신을 드러내려 하지 않고
겸손의 예를 잃지 않으려 하며
남에게 관대함을 아끼지 않는다

당신은 어떤 고수인가?

SNS댓글덧글

ㄴ 스스로 잘난 고수는… 고수가 아닌 하수!

ㄴ 고수는 묻지 않으면 가르쳐 주지 않고, 진짜 고수는 돈을 주지 않으면 가르쳐 주지 않는다. 골프 배우면서 알았습니다 ㅋ

ㄴ ┌─────────────────────────────────────┐
   │   │
   │   나의 댓글 │
   └─────────────────────────────────────┘

술 마시는 이유

술꾼은 발견했다
술 마시는 이유를

"나의 사전에 금주란 없다"-나폴레옹
"마시는 것이 힘이다"-베이컨
"나는 마신다. 고로 나는 존재한다"-데카르트
"술은 신의 예술품이다"-단테
"사람은 술 마실 때 누구나 시인이 된다"-플라톤
"술이 없는 하루는 낭비한 하루이다"-채플린

술꾼은 떠올렸다
선지자들이 했던 말로

술꾼은 취했다

SNS댓글덧글

ㄴ 몸으로 마시는 건 술이요 가슴으로 마시는 건 사랑. 머리를 아프게 하는 건 술이요 마음을 아프게
  하는 건 사랑.

ㄴ 진짜 술꾼이 말했다. "내가 술을 마시는 건 지구상에 술을 다 비워야 하기 때문이다" ㅋㅋ

ㄴ 일이 술술 풀리기를 바라는 마음에서 술을 마신다. 근데 술술 풀리기는커녕 슬슬 꼬이기만 한다. 그
  래서 술(슬)프다. ㅠㅠ

ㄴ
나의 댓글

술 끊기로 한 이유

술꾼은 알았다
술이 깨고 나서

"술이 머리로 들어가면 비밀은 밖으로 나온다"–탈무드
"돈은 마음을 검게 하고 술은 얼굴을 붉게 한다"–한국 속담
"술은 번뇌의 아버지요, 더러운 것들의 어머니다"–팔만대장경
"바다에 빠져 죽은 사람보다 술에 빠져 죽은 사람이 더 많다"–T.풀러

술꾼은 다짐했다
술을 끊기로

믿을 수 없지만

SNS댓글덧글

ㄴ 술을 끊기로 마음을 먹었다면 자주 술을 마시는 친구들과 직장동료들에게 먼저 선포를 하세요. 그러면 술자리 자체의 횟수가 줄어들게 되고, 난감한 상황에서도 벗어날 수 있을 것입니다.

ㄴ 술 먹기 전에 자신이 술에 취할 경우 그 모습을 동료나 친구에게 촬영해달라고 미리 얘기하고, 술 깬 다음 그 모습을 보게 되면 세 명 중 한 명은 술을 끊는다고 합니다. 믿거나 말거나이지만…

ㄴ 한 잔의 술은 사람이 마시고 두 잔의 술은 술이 술을 마시고 세 잔의 술은 술이 사람을 마신다.

ㄴ
나의 댓글

감 놔라 배 놔라 말라

개미는 길을 막는다고 멈추지 않고
달팽이는 등을 떠민다고 빨리 가지 않는다

나비는 꽃이 없으면 산이라도 넘고
붕어는 물이 없다고 바다로 나가지 않는다

진주를 품은 조개는 함부로 입을 열지 않고
진정한 고수는 일부러 자신을 드러내지 않는다

남의 삶에
감 놔라 배 놔라 말라

SNS댓글덧글

ㄴ, 삶엔 누구나 다 나름의 방식과 철학이 있기 마련이지요. 중요한 건 그 방식과 철학을 누구나 공감할
   수 있느냐가 아닐까요~^^
ㄴ, 진주를 품은 조개는 함부로 입을 열지 않는다~ 왕공감!
ㄴ, 사랑을 품은 자는 아무에게나 입술을 열어선 안 된다 ㅋㅋ
ㄴ,

나의 댓글

왜 금지된 욕망을 욕망할까

친구의 남친, 친구의 아내…
왜 금지된 걸 욕망할까
왜 알면서 위반하는 걸까

금지된 욕망은
하지 말라는 외부의 소리와
하라는 내부의 소리가 만나
앙큼스런 괴성을 지르는 것

금지는 현실이고 욕망은 환상
사람들은 종종 현실보다 환상을 좇기에
금지된 욕망은 사라지지 않는다

SNS댓글덧글

ㄴ 금지에 관한 환상은 누구나 한 번쯤 가져본다. 마음속에서부터 끓어오르는 욕망, 절제해야 하지만
　은근히 범해 보고 싶은 욕구… 누가 탓하랴!

ㄴ 금지가 불러오는 욕망. 어디까지가 한계인가. 끝없는 고민이 밀려온다. —.—

ㄴ '금지된 욕망'을 충족시키는 기쁨은 허용된 것을 하면서 얻는 기쁨보다 은밀하고 크기 때문.

ㄴ 욕망의 주체는 금지를 수용하지만, 동시에 금지된 것을 욕망하면서 탄생한다.

ㄴ
　┌──┐
　│　　　　　　　　　　　　　　　　　　　　　　　　　│
　│　　　　　　　　　　　　　　　　　　　　　나의 댓글 │
　└──┘

법법법

모르면 낭패
알아야 면피

너무 좋아하다 보면
함정에 빠지고

너무 모르면
마른하늘에 날벼락

'법대로 하자'는 말은
손해를 감수(?)하겠다는 뜻

법 없이도 살 사람은
법의 보호가 필요한 사람

법 중의 최고의 법은
헌법보다 무서운 떼법

SNS댓글덧글

ㄴ 법은 못 배우고 가난한 사람에게 더 무섭습니다.

ㄴ 법은 거미줄과 같아요. 작은 하루살이들은 걸리고 큰 곤충들은 걸리지가 않으니…

ㄴ 세상의 어떤 법도 완전하지는 않지요. 그 어떠한 법도 완전하지 못한 인간들이 만들었으니까요.

ㄴ
나의 댓글

게메 마씸*

늦은 오후 잠을 자고 일어났더니 아침인 줄 알았다
게메 마씸

밤새워 공부했기에 시험을 잘 치를 줄 알았다
게메 마씸

정치인들은 똑똑한데 정치는 왜 똑똑하게 못할까요
게메 마씸

여자들은 왜 착한 남자보다 나쁜 남자에게 끌리는가
게메 마씸

* 게메 마씸: '그러게 말입니다'라는 뜻의 제주도 방언.

SNS댓글덧글

ㄴ 제주 말에 이처럼 고운 말이 있었는지 예전에 미처 몰랐어요. 게메 마씸^^
ㄴ 저 나쁜 남자예요!! ㅋㅋ
ㄴ 모든 여자들이 나쁜 남자에게 끌리지는 않아요. 저는 착한 남자가 좋아요.
ㄴ 똑똑한 정치인들이 똑똑한 정치를 못하는 건, 모두가 독불장군이기 때문!!
ㄴ
```
                                                                        나의 댓글
```

돈은 말한다

돈 많은 사람과 가까이하라

씨돈은 쓰지 말고 아껴둬라

돈도 사는 집(지갑)이 좋아야 한다

돈에 낙서하는 건 싫다

돈도 명예를 소중히 여긴다

돈은 너무 오래 두면 썩는다

돈은 신나면 떼지어 다닌다

돈도 좋은 주인을 만나고 싶다

돈은 크게 말한다

"돈밖에 모르는 자는 돌아버릴 수 있다"

SNS댓글덧글

ㄴ 돈은 말한다. 나는 발이 네 개라 아무리 쫓아와도 붙잡을 수 없고, 사람은 아무리 도망가도 붙잡힌다…

ㄴ 돈이 없는 사람도 가난하지만, 돈밖에 없는 사람은 더 가난하지요!?

ㄴ 여자와 개와 돈은 같다. 쫓아가면 도망가고 기다리면 쫓아온다 **^**

ㄴ
나의 댓글

세상만사

돈이 풀리면 다 모여들고
일이 꼬이면 다 떠나간다

몸이 약하면 병이 달려들고
뜻이 약하면 실패하기 쉽다

영광이 있는 곳엔 상처가
먹이가 있는 곳엔 적이 있다

뛰는 놈 위에 나는 놈 있고
나는 놈 위에 붙어가는 놈 있다

욕심을 부리면 마음이 무겁고
마음을 비우면 몸이 가볍다

SNS댓글덧글

ㄴ 일이 풀리면 어중이떠중이 다 모이고 일이 꼬이면 갑돌이 갑순이 다 떠나는 게 세상 이치!

ㄴ 세상만사 가끔은 먼저 된 자 나중 되고 나중 된 자 먼저 된다?!

ㄴ 세상만사 새옹지마~~ 세상만사 복불복~~ 세상만사 운칠기삼~~

ㄴ

나의 댓글

스마트폰, 질문에 답하다

너의 정체성은?

"신기한 요물, 똑똑한 비서, 껌딱지 같은 친구
– 당신도 인정"

너의 목표는?

"당신이 밥먹을 때나 똥누러 갈 때나 연애할 때도 함께하는 것
– 목표 달성 중"

너의 미래는?

"당신을 나의 포로로 만드는 것. 동의하지 않는다면 노예로 만드는 것
– 저항하지 말라"

SNS댓글덧글

ㄴ 효용성이냐 부작용이냐. 문명의 이기는 늘 이 두 가지 상반된 얼굴을 띠고 있지요. 문제는 효용성은 키우고 부작용은 줄이는 것. 해답은 절제, 즉 자기조절이 아닌가 싶습니다.

ㄴ 요즘에는 청소년뿐 아니라 유아들도 스마트폰에 중독되어가고 있다는 뉴스를 봤어요. 스마트폰은 주로 좌뇌를 활성화시키는 반면 우뇌의 기능을 현저히 떨어뜨려 집중력, 사회성, 공간지각 능력을 저하시킨다고 합니다. 우리 아이를 균형 있게 키우려면 스마트폰을 멀리해야 하는데ㅠㅠ

ㄴ ┌───┐
  │   │
  │   나의 댓글 │
  └───┘

타이밍은 예술이다

방향은 일을 시작하는 첫술
속도는 일을 진행하는 기술
타이밍은 일을 잘하는 예술

일에는 시간이라는 마법이 있어
초장에 뛰어들면 기껏해야 본전
파장에 뛰어들면 쪽박 나기 십상

완승 모드에서 홈런을 치는 것보다
지고 있을 때 안타 하나가 더 값진 것

고로 타이밍은 예술!

SNS댓글덧글

ㄴ 주식이든 부동산이든 장사든 모든 일에 있어서 타이밍이 중요한 건 지당한 말씀!

ㄴ 주식투자는 무릎에서 사서 어깨쯤에서 팔아라. 수없이 듣던 말인데 문제는 실천! 더 큰 문제는 어디 가 무릎이고 어디가 어깨인지 알 수 없다는 점!!

ㄴ 선택과 타이밍이 중요한 이유－유한한 시간 내에서 원하는 것을 가능한 많이 얻고자 하니 선택의 문제가 발생하고 타이밍의 문제가 발생하는 것.

ㄴ
나의 댓글

하나마나

지키지 못할 약속 하나마나
쓸 줄 모르는 돈 버나마나
부치지 못한 편지 쓰나마나
진실 없는 친구 사귀나마나
자기 희생 없는 사랑 하나마나
베풂 없는 부富 쌓으나마나
구원 없는 종교 믿으나마나
밥값 못하는 인생 사나마나

이 글을 보고도 깨달음이 없다면
읽으나마나

SNS댓글덧글

ㄴ 깨달음 팍팍 옵니다. 지나온 세월 하나마나 한 것들이 너무 많음을 절실히 깨닫습니다.

ㄴ 밥값 못하고 사는 서른 넘은 백수입니다. 제 인생은 사나마나입니까. 이 나라에는 저처럼 취업을 못해 밥값을 못하는 청년들이 부지기수입니다. 어찌해야 합니까~~OTL

ㄴ 쓸 줄 모르는 돈… 대기업들이 막대하게 쌓아놓은 사내유보금!

ㄴ _____

나의 댓글

답은 없다

석 달 전쯤 처음 만난 이가
결혼 청첩장을 보내왔다
갈까 말까

그다지 가깝지 않은 친구가
돈을 빌려 달라고 한다
줄까 말까

밤 12시 잠자리에 들었는데
배가 고파 잠이 오질 않는다
먹을까 말까

정답은 없다
답은 만들어갈 뿐이다
오답일지라도

SNS댓글덧글

ㄴ 갈까 말까 –가라, 할까 말까 –하라, 줄까 말까 –줘라… 이런 글귀도 있던데ㅋㅋ

ㄴ 대체적으로 하는 것보다 안 할 때 오는 후회가 더 크기에 가능하면 하는 것이 더 낫다는 생각입니
다. 제 생각은요~~

ㄴ 정답은 있다. 다만 나중에 알게 될 뿐.

ㄴ
```
                                                              나의 댓글
```

공정公正을 소원함

개천에서 용이 날 수 있는 세상
공정
콩 한 조각이라도 함께 나누는 것
공정
과정은 공평하고 결과엔 공감할 수 있어야
공정

공정하기로 마음먹은 순간
인생살이의 절반은 당당한 셈

공정하지 못한 사회에 사는 건
세상살이의 절반 이상 험난할 수밖에

SNS댓글덧글

∟ 지금 우리네 삶이 각박하고 험난한 게 다 공정하지 못한 사회에서 비롯됐다는 데 한 표! 문제는 공정보다는 불공정이 더 심화될 것이라는 우려입니다. 말로만 비정상의 정상화를 외치면 뭐합니까.

∟ 공정을 말하니 떠오르는 공정무역! 갑과 을이 선진국과 후진국이 부자와 빈자가 함께 상생하고 공생할 수 있는 착한 무역을 말합니다. 관심 가져주세요!!

∟ 공정한 세상, 우리 세대가 후손에게 물려줘야 할 가장 소중한 유산이 돼야 하는데…

∟ ┌───┐
  │   │
  │   나의 댓글 │
  └───┘

2 >>>

깨우침에
답이 있다

기억하지 말라

받은 충고는 기억하고
용서했으면 기억하지 말라

남 칭찬하는 말은 기억해 전하고
험담하는 말은 기억하지 말라

남자는 여자의 생일을 기억하되
나이는 기억하지 말라

여자는 남자의 용기는 기억하되
실수는 기억하지 말라

받은 은혜는 꼭 기억하고
베푼 은혜는 기억하지 말라

SNS댓글덧글

ㄴ 기억하지 말아야 할 것 – 지난날의 실수나 실패의 쓴잔, 원한이나 미움, 자신의 약점이나 신체적 콤플렉스는 잊고 살아야 합니다.

ㄴ 은혜는 돌에 새기고 원수는 강물에 흘려보내라!

ㄴ 남자의 용기, 본 적이 없어 기억할 수 없어요. 요즘 남자들은 용기가 없어요. 다들 초식남이라서 그런지 ~~ㅎㅎ

ㄴ
```



                                                                          나의 댓글
```

팔자타령 말라

팔(8)자는

가로로 자르면 0
타고난 팔자란 없다는 뜻

세로로 자르면 3
누구에게나 세 번의 기회가 온다는 뜻

눕히면 무한대 ∞
가능성이 무한하다는 뜻

어떻게 사느냐에 따라
상팔자를 누릴 수도
개팔자가 되기도 하는 법

팔자타령 말고
팔팔하게 살라

SNS댓글덧글

ㄴ '10'이라는 숫자는 완성의 의미. 그래서 10중에 '8'[팔]은 팔자대로 얻고 '2'[이]는 노력에 의해 얻는
다고 한다. 타고난 팔자를 전혀 무시할 수 없겠지만, '둘'의 노력으로도 얼마든지 정해진 운명[팔자]을
바꿀 수 있다고 합니다.

ㄴ 팔자는 고치면 된다? 잘 고치면 상팔자, 잘못 고치면 개팔자!!

ㄴ 사주팔자 관련 궁금한 것 한 가지. 같은 날 같은 시에 태어난 쌍둥이는 똑같은 팔자를 타고나는가?

ㄴ ┌───┐
    │   │
    │   나의 댓글   │
    └───┘

행복은

행복은

위를 한 번 볼 때
아래를 두 번 보는 것

넘치도록 쌓는 게 아닌
필요한 것을 채우는 것

후회는 가능한 줄이고
희망은 최대한 키우는 것

욕심은 절반으로 덜어내고
선심은 두 배로 나누는 것

남에게 도움을 받기보다
남에게 즐거움을 주는 것

행복이란 그런 것

SNS댓글덧글

└, 또한 행복은 밖에서 주어지는 것이 아니라 안에서 우러나오는 것이지요.

└, 행복은 머리에서 나오는 것이 아닌 가슴에서 나오는 것.

└, 하루에 세 끼 먹으면 행복, 커피 다섯 잔 마시면 행복, 열 번 크게 웃으면 행복, 책 삼십 페이지 읽으
면 행복…

└,

나의 댓글

가장 아름다운 말

"한평생 나침반으로 삼을 만한 한 마디가 뭡니까?"
자공子貢의 물음에 공자孔子 왈
"서(恕, 용서할 서)! 자신이 바라지 않는 것을 주위 사람들에게 시키지
마라"*

상대의 아픔을 내 아픔으로
상대의 사정을 내 사정으로
상대의 불편함을 내 불편함으로

나의 손해를 잊고 생각을 바꾸면
가장 아름다운 말이 되는
– 恕

＊『논어』위령공衛靈公 편.

SNS댓글덧글

ㄴ 용서란 그리스어로 '놓아버리다'라는 뜻을 가지고 있습니다. 용서보다 더 중요한 건 용서했으면 잊
어버려야 한다는 것. 물론 사회적, 역사적 사건은 용서는 하되 잊어선 안 되겠지만.

ㄴ 용서하지 않는 사람은 자기가 건너야 할 다리를 파괴해 버리는 것과 같다고 합니다.

ㄴ 상대방이 잘못을 되풀이해도 계속 용서해야 하는 겁니까? 잘못에 대한 반성이나 후회가 없어도 용
서해야 하는 겁니까? 참 애매모호합니다.

ㄴ ┌───┐
  │   │
  │   나의 댓글 │
  └───┘

사노라면

맑은 날만 있는 게 아니다
흐린 날도 있고 폭풍우도 온다
그때마다 참고 견뎌야

일이 잘 풀리지만 않는다
뜻대로 안되고 꼬일 때가 많다
그때마다 참고 이겨야

좋은 사람만 있는 게 아니다
속이고 등친 이도 얼마든지 있다
그때마다 참고 삭혀야

그래서 인생人生은
인생忍生인지 모른다

SNS댓글덧글

↳ 人生이 忍生인 줄 진즉 알았더라면.. 내 인생이 좀 달라졌을까?

↳ 세상사는 내가 바라고 생각하는 대로 되기보다 그 반대일 경우가 많은 것 같습니다. 이 또한 진즉
알았더라면…

↳ 참을 忍자 셋을 품으면 죽음도 면하고, 참을 忍자 열을 품으면 인생도 펴지리라~~

↳ ┌───┐
  │   │
  │   나의 댓글 │
  └───┘

생각이 많으면

생각이 많으면

박자를 놓친다
꼼수를 찾는다
잡념이 많아진다
장애물이 떠오른다
악수惡手를 두기 쉽다
결정을 하지 못한다
정신줄을 놓기도 한다
공상을 넘어 망상에 빠진다
답에서 점점 멀어질 수 있다
쓸데없는 걱정까지 하게 된다

생각이란
많다고 좋은 것만 아니다

SNS댓글덧글

ㄴ 생각은 좁은 것보다는 깊게, 많은 것보다는 넓게~~

ㄴ 그렇다면 생각이 적을수록, 짧을수록 좋다는 말씀인지??

ㄴ 골프 샷할 때, 한 가지 생각만 하면 파, 두 가지 생각하면 보기, 세 가지를 동시에 생각하면 더블 ㅋ
ㅋ 아시는 분은 잘 알리라~~

ㄴ
```

```
나의 댓글

실수… 하지만

실수는
밤늦게 공부하다 늦잠 자 지각하는 것
혹은 술에 취해 이웃집 벨을 누르는 것

모든 실수를 용납할 수 없지만
실수야말로 인간임을 증명하는 것

그러기에 괴테*왈
"인간은 실수하고 신은 용서한다"

문제는 실수 자체가 아니라
실수에서 깨달음을 얻지 못하는 것

＊ 괴테 Goethe. 독일 작가, 1749-1832

SNS댓글덧글

ㄴ 실수는 행동하는 자의 특권!!
ㄴ 사람은 실수하기에 매력적이다.
ㄴ 문제는 용납할 수 없는 실수가 너무 많다는 점. 고의인지 과실인지 헷갈리는…
ㄴ 실수는 한 번으로 족하다. 두세 번의 실수는 문제. 그 이상의 실수는 구제불능이다.
ㄴ

나의 댓글

살림살이 경제가 선善이다

더 벌어야 하고
더 가져야 하고
더 누려야 하고…
돈벌이 경제의 기준은 '나〔我〕'

넘치면 나누고
모자라면 더하고
더도 말고 덜도 말고 내 몫만…
살림살이 경제의 기준은 '우리'

필요 이상을 추구하는 게
돈벌이 경제라면
필요한 만큼으로 족하는 건
살림살이 경제

살림살이 경제가 선善이다

SNS댓글덧글

ㄴ 풍요의 역설이 아닌가 싶네요. 과거 빈곤의 시절엔 필요한 만큼으로 족했는데, 풍요의 시대가 된 지
    금은 필요 이상으로도 족하지 않는 현실!

ㄴ 살림살이 경제는 선을 넘어 최선이 아닐까요.

ㄴ 그런데 현실은 돈벌이 경제가 대접받고 찬양받고… 자본주의 체제하에서 돈벌이 경제와 살림살이
    경제가 조화를 이룰 수 있을지 의문입니다.

ㄴ
                                                                          나의 댓글

좋은 삶에 대하여

남들보다 비싼 자동차 타고
남들보다 넓은 아파트에 살고
남들보다 많은 명품 갖는 게
좋은 삶일까?

남들의 고통에
남들의 문제에
남들의 배고픔에
나몰라라 하는 것은
좋은 삶이 아니다

좋은 삶은
남들보다 내가 나은 게 아니라
남들과 더불어 나아지는 것이다
진짜 좋은 삶이란!

SNS댓글덧글

ㄴ 좋은 삶 살고 싶어요. 진짜 좋은 삶! 유토피아가 아닌 현실 속 더불어 아름다운 삶!!
ㄴ 헬라어 오이코노미아 oikonomia 가 생각납니다. 분배 관리에 대해서 생각해보게 합니다. 좋은 분배가
  좋은 살림이고 좋은 삶의 기본이라는 생각입니다.

ㄴ
┌───┐
│   │
│   │
│   나의 댓글   │
└───┘

아모르 파티 Amor Fati

운명은
뜨거운 태양 아래 발밑에 끈덕지게 붙어 있는 그림자와 같은 것

만날 사람은 만나게 되고
일어날 일은 일어난다

운명적 삶의 굴레는
물리치는 게 아니라 받아들이는 것
이기는 것이 아니라 견뎌내는 것

아모르 파티 Amor Fati

네 운명을 사랑하라

"네 운명은 네 가슴 속에 있다"*

* 윌리엄 시러 William Shirer, 미국작가, 1904-1993

SNS댓글덧글

ㄴ 이것을 팔자소관이라고도 하지요. 인간은 지구를 지배하지만 운명이라는 것을 안고 잉태한답니다.
그래서 고진감래할 때 팔자가 뒤바뀌는 겁니다.

ㄴ 운명에 우연이란 없다. 필연을 만들어 갈 뿐이다.

ㄴ "운명아, 비켜라 내가 간다!" 저도 한땐 이렇게 외쳤는데… 요즘은 운명과 동행합니다. 아주 친한
친구처럼^^*

ㄴ
┌───┐
│   │
│   나의 댓글 │
└───┘

이 또한 지나가리니

시험에 닥쳤을 때
곤경에 빠졌을 때
큰 일을 앞두고 있을 때
"이 또한 지나가리니"

정상에 올랐을 때도
기쁜 일이 생겼을 때도
뜻밖의 행운이 찾아올지라도
"이 또한 지나가리니"

교만 앞에 지혜가 되고
걱정 앞에 힘이 되는 말
"이 또한 지나가리라"This, too, shall pass away.

SNS댓글덧글

∟   저는 명절이 닥칠 때마다 이 말을 떠올립니다. "이 또한 금세 지나가리" ㅋㅋ

∟   아름다운 젊음도 이내 지나갈 것이니 어찌 하오리오!!

∟   인생 또한 금세 지나가리라??

∟
나의 댓글

깡통에서 깨달음

빈 깡통은 시끄럽다
바람 불면 마구 구른다
발길에 옆구리 채이기 쉽다

속이 좀 찬 깡통도 요란하다
바람 불면 쉽게 쓰러진다
중심을 못 잡아 좌고우면한다

속이 꽉 찬 깡통은 소리가 없다
바람이 불어도 자리를 지킨다
뚜껑을 열어봐야 속을 알 수 있다

깡통을 사람에 비유한다면…

SNS댓글덧글

ㄴ 빈 깡통 함부로 발로 차지 마라. 넌 한 번이라도 속이 꽉 차 본 적이 있느냐~*-*

ㄴ 속이 꽉 찬 사람! 몸무게? 허풍? 지식? 사랑? 믿음? 하여간 중심 잡으려면 뭔가는 채워져 있어야
   한다는데 한 표 던집니다.

ㄴ 깡통에서도 깨달음을 얻는 혜안에 놀라울 뿐 ^()^

ㄴ ┌───┐
   │   │
   │   나의 댓글 │
   └───┘

프로처럼

프로는
나무와 숲을 동시에 본다
지식보다 지혜를 활용한다
조건과 환경을 탓하지 않는다
남 탓을 않고 내 탓으로 돌린다
자신에게 엄하고 남에게 관대하다
소리가 나지 않고 향기가 날 뿐이다
최고를 추구하고 최고답게 행동한다

프로는
팬들이 응원하면 더 잘한다

SNS댓글덧글

ㄴ 프로는 도구와 연장 탓을 하지 않지요~~

ㄴ 어느 분야나 프로는 존경받고 우대받아 마땅합니다.

ㄴ 진정한 프로는 마무리도 아름다워야 합니다. 물러나야 할 때 물러나는 이가 진정한 프로가 아닐까요.

ㄴ
┌─────────────────────────────────────┐
│   │
│   나의 댓글 │
└─────────────────────────────────────┘

대나무숲에서

대나무숲에서
대나무를 올려본다

뱀처럼 가는 몸인데도 꼿꼿하다
바람에 흔들리지만 꺾이지 않는다
남들과 부대껴도 다투지 않는다
하늘 높은 줄 모르고 씩씩하게 자란다

대나무숲에서
대나무에게 묻는다
어떻게 그리 자랄 수 있느냐?

대나무왈
"옹골찬 마디가 나를 키운다"

SNS댓글덧글

ㄴ 대숲에서 일렁이는 한떨기 바람처럼 시원한 비타민이네요 ㅋ
ㄴ 성숙한 인생을 살려면 옹골찬 마디와 같은 연단의 과정이 꼭 필요하리라 믿습니다. 그래야만 정금
처럼 피어나지 않을까요?
ㄴ 마디의 미학! 사람에게 있어선 휴식이나 휴가가 아닐까요?

ㄴ
┌───┐
│   나의 댓글 │
└───┘

법法보다 법

사랑은 표현해야 하는 법

이웃집과 비교하지 않는 법

둘이서 대화할 때 휴대폰 보지 않는 법

"사랑하기 때문에 헤어진다" 말하지 않는 법

경사慶事는 못 가더라도 애사哀事는 꼭 가야 하는 법

하루 세 끼 먹거든 책도 세 줄은 읽어야 하는 법

남의 자식 취직했느냐, 결혼했느냐 묻지 않는 법

SNS댓글덧글

⌐ 아닌 게 아니라 나이 50 넘으면 자식들 학교, 취업, 결혼에 대해서는 묻지 않는 게 예의라네요. 어쩌다 이런 세상이 됐는지 모르지만 nnn~

⌐ 하루 세 끼 먹으면 책을 세 줄 읽어선 안 되고 적어도 세 장 이상은 읽어야 하지 않을까요~

⌐ 진짜 법 위에 법이 있군요 ㅋ~

⌐ _____

나의 댓글

절로 얻어지는 건 없다

근육은 고통을 통해서 만들어지고
정상은 능선을 거쳐야 오를 수 있고
성공은 고난을 견뎌야 이룰 수 있다

힘들지 않으면 근육은 생기지 않고
능선이 없는 정상이란 있을 수 없고
고난을 겪지 않은 성공은 오래 못 간다

세상에 공짜 점심이 없는 이유
절로 얻어지는 건 없기 때문

SNS댓글덧글

ㄴ 근육을 만들기 위해서는 몸의 고통을 잘 이겨야지요. 몸 근육뿐 아니라, 마음의 근육, 생각의 근육
도 마찬가지겠지요.

ㄴ 세상에 대가 없이 얻어지는 것은 없는 것 같아요. 나이를 빼곤요. … 아니 나이도 세월을 이겨 온 대
가인가요?

ㄴ 세상에 공짜 점심은 없다. 기회비용을 말하지요.

ㄴ
나의 댓글

삶이 어려운 까닭

견見은 현상이요
관觀은 본성이라

현상은 허상을 낳고
본성은 의미를 품는다

물질의 세계는 견이 관을 추월하여
본성이 현상에 미치지 못할 따름이다

삶이 고달픈 이유
견 – 현상 – 허상에 집착하기 때문

관을 탐하지 않으면
어떠한 삶도 의미를 잃는다

SNS댓글덧글

↳ 어렵네요. 삶도 어렵고 견도 관도 이해하기 어렵고…

↳ 견은 심안心眼이라고 하고 관은 영안靈眼이라고도 하지요.

↳ 물질의 세계는 눈과 입을 만족시키는 데 초점을 두고, 정신의 세계는 머리와 마음의 만족에 그 지향
점이 있다. 정신의 세계를 추구해야 하는 이유이지요.

↳

나의 댓글

문제는 많은 것

쥐고 있는 게 많으면 손이 아프고
들고 있는 게 많으면 팔이 아프고
지고 있는 게 많으면 허리가 아프고
생각하는 게 많으면 머리가 아프고
품고 있는 게 많으면 마음이 아프고
욕심이 많으면 인생이 고달프다

문제는 적은 게 아니라 많은 것
더 큰 문제는 많아도 족足함을 모르는 것

SNS댓글덧글

ㄴ 잘 먹어서 탈 넘 많이 먹어서 탈. 풍요의 역설입니다. 비만의 사회적 비용이 국가재정을 좀먹는다고
  하네요.

ㄴ 나누고 비우고 줄이는 게 답이 아닌가 싶네요!!

ㄴ 어떠한 그릇도 내용물이 많아 넘치면 주변에 문제를 일으키지요. 불편을 끼치거나 오염시키는 경
  우가 많지요~!!

ㄴ
  _____
  | |
  | 나의 댓글 |

알기 쉬운 독서

아무리 강조해도 좋은 게 있다
사랑, 봉사 그리고 독서

모자라면 금세 드러나는 게 있다
잠, 주량 그리고 독서량

꼭 자신만이 아는 취미가 있다
운동, 명상 그리고 독서

작심삼일에 꼭 끼는 게 있다
금연, 일기 그리고 독서

지구 종말이 와도 할 일이 있다
사과나무 심기, 기도 그리고 책읽기

SNS댓글덧글

⌐ 독서는 혼자서 부자가 될 수 있는 가장 빠른 길이기도 하지요.

⌐ 남아수독오거서라고 하는데… 전 여자인데 몇 수레를 읽어야 하나욤 ㅎㅎ.

⌐ 눈 내리는 밤, 창가에 촛불 켜고 책 읽는 맛. 느껴보지 않았으면 말을 마세요.

⌐ 독서의 중요함을 설명하는 완결판입니다.

⌐
```
┌─────────────────────────────────────────────┐
│                                             │
│                                             │
│                                   나의 댓글  │
└─────────────────────────────────────────────┘
```

쇄락의 삶

한여름 무더위에 텁텁하기만 한 마당에 물을 뿌렸을 때 느끼는 상
쾌함
　– 쇄락灑落

깊은 밤 내리던 비가 멈추고 상쾌한 바람이 얼굴을 매만질 때
구름 사이로 맑게 빛나는 달
　– 광풍제월光風霽月

실체substance는 같지만
양태mode는 다른
얼음과 물
누구는 얼음으로 살고
누구는 물로 산다

물처럼 사는 게
쇄락

SNS댓글덧글

ㄴ　쇄락… 너무 어려워요. 전 그냥 수도꼭지 팍팍 틀어놓고 시원하게 샤워할 때가 제일 좋아요~~

ㄴ　┌─────────────────────────────────┐
　　│　　　　　　　　　　　　　　　　　　　　　　│
　　│　　　　　　　　　　　　　　　　　　나의 댓글　│
　　└─────────────────────────────────┘

세상만사 깡통 철학

없다고 쫄지 말고
많다고 뻐기지 말라

안된다고 낙심 말고
잘나갈 때 겸손하라

못한다고 기죽지 말고
잘한다고 오버하지 말라

큰일 앞에 담대하고
작은 일에도 정성을 다하라

너무 튀면 짱돌 맞고
너무 숨으면 잊혀진다

넘겨짚다 팔 부러지고
뒤돌아보다 넘어진다

SNS댓글덧글

ㄴ 깡통 철학이 아니라 정통 철학 같아요 ^^*

ㄴ 때론 깡통 철학이 정곡을 찌르기도 합니다~.

ㄴ 이 짧은 문장으로 꼭 필요한 세상살이의 해법을 어떻게 담았는지? 내두른 혀가 들어가지 않을 뿐
   ~~

ㄴ

나의 댓글

가장 슬픈 말

당신이 떠올리는 슬픈 말?
이별, 배신, 왕따, 짝사랑, 죽음…

혹은 기억하는 슬픈 말?
"이젠 날 찾지 마세요"
"사랑하기 때문에 헤어져요"
"혹시나 다시 나를 만나게 돼도 몰래 비켜가 줘요"*

아마도 정답(?)은
"말이든 글이든 인간의 언어 중 가장 슬픈 말은
'아, 그때 해볼걸!'이다"**

* 나윤권 노래 〈세상에서 가장 슬픈 말〉 중.

** 존 그린리프 휘티어 John Greenleaf Whittier, 미국 시인, 1807–1892

SNS댓글덧글

ㄴ 가장 위험한 도전은 도전하지 않는 도전이다. The biggest risk is not taking one.

ㄴ 고백조차 못 해본 짝사랑! 제가 간직한 가장 슬픈 말 ㅠㅠ

ㄴ 가장 힘이 되는 말? "이 또한 지나가리" ㅋㅋ

ㄴ 나의 댓글

전쟁 고발

인류의 역사는 전쟁의 역사
다만 휴전이 있을 뿐
휴전기를 산 인생은 축복

전쟁은 꿈이어야 한다
그게 현실이 되면
개인의 운명따윈
한낱 태풍 속으로 날아간 나뭇잎

어떤 전쟁도 미화할 수 없다
세상에 아름다운 이별이 없듯이
상처없는 전쟁 또한 있을 수 없다

SNS댓글덧글

ㄴ 개인의 인생사도 투쟁의 연속??

ㄴ 그래서 처칠은 살면서 총에 맞지 않는 것 만큼 좋은 일은 없다고 했다네요.

ㄴ 전쟁의 명분은 평화. 평화를 위한 전쟁. 인류역사 자체가 모순의 역사!!

ㄴ 휴전 중인데도 군대서 총기사고로 죽은 군인들은 뭐지요. 이 땅의 젊은 군인들은 지금도 휴전이 아
  니라 전쟁 중입니까.

ㄴ
                                                              나의 댓글

고난의 미학

찬란한 아침은
깊은 밤 어둠을 물리치고 오고
화사한 새봄은
혹독한 겨울 추위를 이기고 오고
탐스런 과일은
비바람을 맞아야 달달하게 익는다

고난이 고통만이 아닌 건
아름다운 성장통이기 때문

그런고로
"고난은 나를 일으켜 나보다 더 큰 내가 되게 한다"*

You raise me up, to more than I can be.

＊ 브렌던 그레이엄 Brendan Graham 작사 〈You raise me up〉 중.

SNS댓글덧글

∟ 지금 고난의 강에서 열심히 노를 젓고 있습니다. 이 강을 건너게 되면 진정으로 축복이라는 섬에 도
착할 수 있겠지요^^

∟ 사춘기가 아름다운 성장통이듯이, 고난은 인생의 성공으로 가는 성장통이 아닐까. 꼭 거쳐가야만
하는…?

∟ ┌───┐
  │   │
  │   나의 댓글 │
  └───┘

정의할 수 있다면

고독이란

펼쳐놓은 그물 속 무아에 빠져든 거미

저녁나절 바다가 훤히 내려다보이는 언덕에서
노을을 바라보는 막막한 그리움

밤이 깊을수록 애절하게 우는 발정난 암코양이

쑤시고 저리고 아리고 할킨다

신이 아닌 이상 고독으로부터의 자유는 없다

어린아이로 돌아가라

SNS댓글덧글

ㄴ 고독을 깨물면 오도독 뼈마디가 부러지는 소리가 난다.

ㄴ 어린아이로 돌아갈 수 있는 방법 뭘까요. 먼저 고독한 고민부터 해야 ㅠㅠ.

ㄴ 우리집 담장 위엔 요즘 밤 10시가 넘으면 고양이 한 마리가 웁니다. 암코양이인지 숫코양이인지, 발
    정이 났는지 안 났는지는 모르지만, 그게 고독의 몸부림이었군요. 저도 요즘 울고싶어요. 흐흐흑~~.

ㄴ
┌───┐
│   │
│   나의 댓글 │
└───┘

운명이란

뒤에서 날아온 돌멩이는 피할 수 없어도
앞에서 날아오는 돌멩이는 피할 수 있다

남 탓이라 생각하면 우산 위의 눈도 무겁고
내 몫이라 생각하면 무쇠 등짐도 가볍다

터널 속에 있을 땐 꽉 막힌 동굴이라 느끼지만
터널 밖으로 나오면 그게 터널임을 알게 된다

운명이란 그런 것

SNS댓글덧글

ㄴ 운명은 지랄맞고 운명은 지독하고 운명은 힘이 세다. 드라마 〈응답하라 1994〉에서.

ㄴ 네 믿음은 네 생각이 된다. 네 생각은 네 말이 된다. 네 말은 네 행동이 된다. 네 행동은 네 습관이 된다. 네 습관은 네 가치가 된다. 네 가치는 네 운명이 된다. 마하트마 간디의 말.

ㄴ 운명과 숙명을 지나 사명따라 살아내고 운명하는… 그런 인생이기를~

ㄴ
```
                                                            나의 댓글
```

겸손은 마법

빛처럼 밝기를 원하지 않지만
빛보다 더 존재감이 드러나는
비빔밥 속 참기름

때론 능력보다 뛰어난 무기
때론 강함을 이기는 부드러움
낮아짐으로써 높아지는 마법

그래서 성경도 거든다
"겸손한 사람이 땅을 차지할 것이며 기뻐하며 평화를 누릴 것이다"*

* 시편 37장 11절.

SNS댓글덧글

ㄴ 겸손은 육체의 양심이다. 제가 가장 좋아하는 말입니다.

ㄴ 어떤 사람의 겸손은, 사실 좀 더 완곡하게 칭찬을 받고 싶은 욕망을 나타낸다고 봅니다.

ㄴ 진실로 위대한 자는 겸손한 사람이요. 오직 겸손한 이만 진실로 위대한 자다.

ㄴ 겸손과 경솔함의 줄타기에는 교만이 숨어 있다~

ㄴ

나의 댓글

손, 악수

손을 드는 건 진실
팔짱을 끼는 건 부동의不同意
주머니에 넣는 건 위장僞裝
높이 들어 바닥을 아래로 향하는 건
권위와 권력, 복종의 강요 - 히틀러의 유령

악수를 나누는 건 신뢰
대개 관계 설정의 의도를 담지만

그래서 손은 마음의 얼굴
악수는 그 얼굴의 표정

혹은 손은 무기
악수는 전략

SNS댓글덧글

└ 원래 악수는 내 손안에 무기를 갖고 있지 않다는 것을 보이기 위해 시작했다고 하는데… 악수 속에
  전략이 담겨있다니~~
└ 악수는 윗사람이 아랫사람에게, 여자가 남자에게 먼저 청하고, 상대방의 눈을 보면서 약 3초 동안
  가볍게 흔들며 하는 것.
└
  나의 댓글

인생은 기다림

기다리고 기다리는 게 인생

엄마를 기다리고
소풍날을 기다리고
사랑하는 연인을
시험 합격 소식을
첫아이 출산을
아파트 입주를
복권 왕대박을
골프 라운딩 날을
부모님의 재산 상속을
출가한 딸을
꽃피는 새봄을…

기다리고 기다리다
세월도 가고 인생도 간다

SNS댓글덧글

↳ 아닌게 아니라 돌아보면 인생은 기다림의 연속이네요. 죽음만 빼구요.

↳ 사람을 얻기 위해서는 기다려야 한다. 눈은 먼 곳에 두되 가까이에 있는 인연에 충실하다 보면 장차 드넓은 천지를 만나게 될 것이다. -스유엔史源의 《상경商經》에서

↳ 5년 만에 낳은 첫아이의 길고 긴 기다림, 지금도 잊을 수 없네요~

↳
```
                                                          나의 댓글
```

인생은 영역 싸움

극장에서 팔걸이를 놓고 벌이는 옆사람과의 신경전
자기 영역의 수호

엘리베이터에서 층수가 바뀌는 것만 쳐다보는 것
자기 영역의 불안정

내 땅 내 집에 대한 미친 집착
영역의 자유를 확보하기 위한 원초적 욕구

영역의 크기와 자유의 크기는 비례(?)
그래서 인생은 영역 싸움

SNS댓글덧글

ㄴ 어렸을 적 친구들과 땅 위에 동그란 원을 커다랗게 그려놓고 손가락으로 돌멩이를 튕겨가며 자기 땅을
    많이 차지하기 위해 놀이를 했던 기억이 납니다. 그때부터 인생은 영역 싸움이었나 보네요. 푸~~
ㄴ 만원 전철에서 부대끼는 것도 영역 싸움?! 실감나지요ㅎㅎ~
ㄴ ┌───┐
    │   │
    │   나의 댓글 │
    └───┘

소풍과 같은

소풍은 기다림
언제쯤 돌아오려나
손꼽아 헤아리고 잠 못 이루고

소풍은 설레임
무얼 먹고 어떻게 놀 것인가
생각만 해도 미소가 절로

소풍은 즐거움
보물찾기, 백일장, 장기 자랑…
그 무엇도 재미가 아니더냐

인생을 하루로 압축하면
소풍과도 같은 것
그런 인생 살 순 없을까

SNS댓글덧글

ㄴ 인생은 소풍과 같은 것! 매일이 그렇다면 인생이 어찌 행복하지 않으리오~~ 오늘부터 도시락 싸
들고 날마다 소풍 갑니다~~^^

ㄴ 한 달에 한두 번 나가는 골프가 제게는 소풍날입니다ㅋ

ㄴ 날마다 소풍인 인생도 그렇지만… 하루도 소풍 같지 않은 인생이기에 ㅜㅜ

ㄴ
```
                                                              나의 댓글
```

산에 오르는 건

허리를 굽혀야만 오를 수 있는 건
겸손의 가르침

정상에 못 오르더라도 실패가 아닌 건
멈추는 그곳이 정상

구원의 고백처럼
누구도 대신할 수 없는 고행
누구나 정복하면 누리는 감동

산도 세상도 모두 무등無等이다
마음은 비우고 가슴은 채우다
이를 깨닫는 게 진짜 등산

SNS댓글덧글

ㄴ 얼마 전 지리산에 갔는데 힘들어서 천왕봉 정상까지 못 올라가고 내려왔는데 그것도 실패가 아닌
셈인가요. 호호~~

ㄴ 무등산에 자주 오르는 사람인데. 저 아래 광주시내를 바라보며 세상이 무등이라는 깨달음은 아직
못 얻고 있습니다. 아직은 기세등등한 사람들이 판치는 세상이라는 생각이 떠나질 않습니다.

ㄴ 산을 좋아하는 사람으로서 '마음은 비우고 가슴은 채운다'는 말 참 좋은 표현이네요.

ㄴ

나의 덧글

아름다움의 이론異論

아름다움은 불완전함에 있다

산높이가 모두 같고
나무의 키가 똑같고
꽃들의 모양과 색깔이 서로 다르지 않다면…

아름다움은 같음이 아닌 다름에 있다
마음을 끌어당기는 것은
불완전함이다

저무는 태양이 더 아름다운 건
불규칙한 모양의 구름에 둘러싸여 있기 때문이다

SNS댓글덧글

ㄴ 진정한 아름다움은 비교하지 않는 데 있다고 생각. 세상의 모든 것은 다 아름답게 태어나거나 만들어지기 때문.

ㄴ 아름다움은 같음이 아닌 다름에 있다! 왕공감!! 대한민국의 모든 여자들이 김태희처럼 생겼다고 가정한다면… 왕끔찍!!

ㄴ
나의 댓글

장애인이란

말해야 할 때 침묵하고
나눠야 할 때 움켜쥐고
도전해야 할 때 머뭇거리고
물러서야 할 때 고집부리고
사랑해야 할 때 사랑하지 못하고…

그런 사람이 진짜 장애인이다

손과 발이 하나도 없어도
골프와 서핑보드를 즐기는
닉 부이치치*왈
"장애는 육체가 아니라 정신적인 것이다"

* 닉 부이치치 Nick Vujicic. 사회사업가·전도사. 호주 출신의 '오체불만족' 장애인. 1982~

SNS댓글덧글

ㄴ 진정한 장애란 희망이 없는 마음이다.

ㄴ 어쩌면 사람에게 장애를 주는 것은 자신의 몸이 아니라 자신의 생각이 아닐까.

ㄴ 장애는 직접 겪어보지 않으면 완벽하게 이해할 수 없고, 직접 겪어보고 난 후엔 이미 객관적으로 상
황을 판단, 평가할 수 있는 능력을 잃는다는 점에서 아이러니컬하다고 할 수 있죠.

ㄴ ┌─────────────────────────────────┐
  │   │
  │   나의 댓글 │
  └─────────────────────────────────┘

돈, 대체 무엇?

천의 얼굴 만의 속성

요람에서 무덤까지 따라붙는
천변만화千變萬化의 카멜레온

잘 쓰면 최선의 종
잘못 쓰면 최악의 주인*

악기와 같아
잘못 다루면 불협화음
사랑과 같아
잘 베풀지 않으면 고통

"신은 인간을 만들고
옷은 인간의 겉모습을 꾸미고
인간의 마지막을 완성하는 것은 돈이다"**

* 프랜시스 베이컨Francis Bacon, 영국 철학자, 1561~1626

** 존 레이1583~1662

SNS댓글덧글

↳ 인류가 풀지 못한 최대의 수수께끼가 돈의 정체성? 돈의 합목적성?

↳ 돈! 가장 이야기하고 싶지 않은 말이면서 동시에 가장 가까이하고 싶은 것.

↳ 돈을 애인처럼 사랑하면… 그 사랑이 기적을 만듭니다~~

↳
┌───┐
│   나의 댓글 │
└───┘

슬퍼도 슬퍼할 수 없는

죽은 자는 말이 없다
아니 웅변을 토하며 죽었다
자살이란 놈

자살을 하는 건
삶이 덜 비참해지는 게 아니라
삶이 더 나아질 수 있는 가능성을 영영 잃어버리는 것

어떤 설명도 이유도 용납되지 않는
자살
슬퍼도 슬퍼할 수 없는
자살
죽어서도 죄를 짓는
자살

SNS댓글덧글

ㄴ OECD국가 중 굳건하게 1위를 차지하고 있는 우리나라의 자살률. 어떤 설명과 이유가 필요한건지?

ㄴ 출생이 자기 의지대로 이뤄지는 것이 아니기에 죽음도 자기 의지대로 해서는 안 되는 것이지요. 자살은 부모에 대한 반역이고 신에 대한 도전이지요.

ㄴ 자살에 관한 리포트 하나. 다리에서 자살하려다 제지당한 사람의 5%만이 나중에 다시 자살을 시도했다고 합니다.

ㄴ
나의 댓글

호기심은

달에 토끼가 살까
풍선 수백 개를 쥐면 몸이 뜰까
사랑을 잴 수 있는 온도계를 만든다면

호기심은
"기꺼이, 자랑스럽게, 열심히
자기의 무지를 실토하는 행위"*

때론 황당무계하고 비도덕적일 수 있지만
모든 진전의 출발점이기에
어떤 호기심도 무죄
어떤 호기심도 박수

* S.레오나드 루빈슈타인 미국 정치가. 1900-1965

SNS댓글덧글

ㄴ 죽을 때까지 잃지 말아야 할 게 호기심 아닐까요. 호기심이 남아 있다면 결코 늦지 않은 것이라 할
   수 있을거예요.
ㄴ 나의 호기심 하나-여자들의 핸드백 속엔 무엇이 들어있을까?
ㄴ 요즘 들어 부쩍 세상살이가 단조롭고 지루하다고 느껴지는 건 세상에 대한 호기심을 잃어서가 아
   닌지… 호기심아 발기하라 번쩍~~

ㄴ ┌──┐
  │   │
  │   나의 댓글 │
  └──┘

영화는 영화榮華다

문학, 음악, 미술, 무용, 체육이
과학과 상상, 기술과 응용을 만나
지지고 볶고 닦고 조이고 칠하고 흔들어
탄생하는 영화

영화는
사회, 경제, 문화를 진동케 하고
영화는
철학과 사상, 이념을 마취시키고
영화는
우주와 신에 대적하기도 한다

그러기에 영화는
어떤 장르보다 영화榮華롭다

SNS댓글덧글

ㄴ 영화 〈시네마 천국〉을 보면 영화란 무엇인가에 대한 해답이 나옵니다.

ㄴ 그래서 영화가 예술의 영역 중에서 가장 도전해볼 만한 장르라는 생각? 배우든 감독이든 작가이든
　 … 아님 관객이든~~ㅎ

ㄴ 영화 한 편이 인생을 바꾸기도 하지요. 누구나 영화같은 인생을 꿈꾸기도 하구요.

ㄴ
```
                                                          나의 댓글
```

정치란 정치 正治

"정치政治의 요체가 무엇입니까"
제자의 물음에 공자왈
"사물의 이름을 정확하게 쓰는 것이다"*

검은 건 검다 흰 건 희다
악은 선이 아니라 악이다
비오는 날에도 해는 떠 있다

형태나 관계나 성격의
본질과 실체와 의미를
정확하게 표현해야 하는 것

그래서 정치는
정치正治라고도 부른다

* 『논어』 정언正言 편.

SNS댓글덧글

ㄴ 맞습니다 맞구요. 감언이설 교언영색 견강부회 어불성설 동문서답이 판치는 정치판이니 우리 정치
가 나라를 어지럽게 하는 게 아닌가 생각합니다.

ㄴ 정치인들에게 꼭 알려줘야 할 메시지네요 ^^

ㄴ
> 나의 댓글

로또의 심리학

로또를 사는 건
벼락을 두 번 맞을* 확률에 목매지는 않지만
돈벼락을 맞는 상상과 환상을 놓치고 싶지 않기에

로또를 끊지 못하는 건
스스로에게 허용한 낙관주의가 자신의 심리를 지배하기 때문

이 치명적 유혹에서 벗어나는 길은 단 한 가지
로또에 당첨되는 것

* 로또복권의 경우 1등에 당첨될 확률.

SNS댓글덧글

∟ 복권을 사면서 누군가가 백만장자 되는데 도와준다고 생각하면서 사보세요. 그러면 꽝이 돼도 마음이 훨 편합니다.

∟ 문제는 복권에 어떻게 당첨되느냐. 그걸 가르쳐 주셔야. 넵!

∟ 로또복권 1등 당첨 확률은 814만분의 1, 연금복권 1등 당첨 확률은 315만분의 1. 제가 연금복권을 사는 이유이죠. ㅋㅋ

∟ ┌──┐
  │   │
  │   나의 댓글 │
  └──┘

골프, 차이를 말하다

아느냐 모르느냐
하느냐 안 하느냐의 차이가
가장 극명하게 드러나는 운동

모르고 안 하는 이에게
골프는 가진 자의 신선놀음

알고 즐기는 이에게
골프는 인생과 같은 것

골프를 모르는 이 묻기를
"왜 골프를 하느냐?"

골프를 즐기는 이 되묻기를
"왜 인생을 사느냐?"

SNS댓글덧글

└ 골프가 매력적인 것은 인생의 축소판이기 때문입니다. 희로애락이 불규칙적으로 반복되는 가운데 그걸 이기고 즐기고 극복하고 누리는 것 그것이 골프에서 헤어나기 힘들게 하는 마력이 아닌가 생각합니다.

└ 골프GOLF란, 파란 풀밭Green 위에서 맑은 산소Oxygen를 마시며 인생Life을 즐기며 우정Friendship을 나누는 운동!!

└ ┌───┐
  │   │
  │   │
  │   나의 댓글 │
  └───┘

몸은 악기다

악기는 항상 조율이 필요하다
몸도 단련을 해둬야 쓸모가 있다

악기는 오래 묵혀두면 삐걱거린다
몸도 너무 안 쓰면 탈이 난다

악기는 연주자를 잘 만나야 한다
몸도 파트너를 잘 골라야 한다

악기는 잘 다루면 고운 소리를 낸다
몸도 사랑을 받으면 희열에 젖는다

몸은 악기와 같다

SNS댓글덧글

ㄴ 우리 몸 자체가 악기이지요. 잠잠히 귀를 기울여 보세요. 심장이 뛰는 소리, 피가 온몸을 타고 흐르
　 는 소리, 머리 굴리는 소리… 귀에서 들리는 이명, 방귀 ㅋㅋ … 아! 박수 소리!! 유레카!!!

ㄴ 몸도 사랑을 받으면 희열에 젖는다. 아주 와닿아요. 가슴에 팍 꽂힙니다~~

ㄴ
　 ┌───┐
　 │   │
　 │   나의 댓글 │
　 └───┘

요리는 예술

요리야말로
정성과 기술이 최선의 무기
그러기에
예술이라 해도 무방

아름다운 차림은 그림이요
달콤한 향기는 선율이요
씹는 즐거움은 춤을 추는 것
맛을 표현하는 건 시詩려니

세상에서 가장 어려운 게 남의 마음을 얻는 것
가장 쉽게 남의 마음을 얻는 법
– 요리

SNS댓글덧글

ㄴ 요리는 예술임과 동시에 과학이기도 하지요. 맛있는 요리는 어렵기 때문.

ㄴ 요리는 정성과 손맛이라고들 하는데, 손맛이란 타고나는 겁니까 아니면 길러지는 것입니까?

ㄴ 소크라테스는 사람은 먹기 위해 사는 것이 아니라 살기 위해 먹는다고 했는데, 저는 먹기 위해 산다고 생각합니다. 먹는 것보다 더 큰 즐거움이 없다는 생각에. 요리와는 좀 다른 이야기이지만 ㅠㅠ

ㄴ

나의 댓글

낚시 소고 小考

한줄기 바람이 인다
드리운 찌가 파르르 떨린다
물 위에 앉은 구름이 부서진다
순간 무아지경을 흔들어 깨운다

낚시는
고요한 침잠으로부터 짜릿한 절정을 향해 가는
긴장과 스릴의 게임

물고기를 잡는 이는 낚시꾼
기다림을 즐길 정도면 중수
세월을 낚는 이는 진정한 고수

SNS댓글덧글

ㄴ 강태공은 미늘 없는 낚싯대로 낚시를 했으니 고기를 잡을 마음이 애초부터 없었던 거죠. 요즘에도
   미늘 없는 낚싯대를 드리운 사람이 과연 있을까요??
ㄴ 낚시는 운칠기삼 아닌가요. 그런데 왜 낚시꾼들은 잡다가 놓친 고기는 모두 월척이었다고 우기는
   겁니까?
ㄴ 낚시꾼들은 낚싯대를 드리우고 무슨 생각을 하는지 저는 그게 참 궁금합니다.

ㄴ ┌───┐
   │   │
   │   나의 댓글 │
   └───┘

축구, 왜 열광하는가

발로 차는 건 본능이기 때문
뱃속의 아기도 발길질을 한다

패싸움을 방불케 하기 때문
구경 중 최고는 싸움 구경이다

극적인 순간을 기억할 수 있기 때문
월드컵 4강은 죽을 때까지 추억이다

더 광표적인 이유
"축구보다 더 열광적인 게 없기 때문"
어느 축구광의 말

SNS댓글덧글

└ 축구보다 더 열광적인 게 있지요 제겐. 그건 족구 〜〜*^^*

└ 미녀들도 축구에 열광〜〜 축구선수 애인이나 부인들은 모두 미녀 같아요 ㅎㅎ

└ FIFA 회원국 수가 UN 회원국 수보다 많답니다. 축구가 전 지구인의 스포츠이고, 전 지구인의 공통
언어인 이유이지요.

└ ┌──┐
  │   │
  │   나의 댓글 │
  └──┘

생각의 힘, 바둑

고요함의 극치
무념무상無念無想의 스릴
강强과 유柔의 숨가쁜 공방

361 반상에서 펼쳐지는 상상력의 무한 전투
생각의 힘과 생각의 근육이 질긴 자가 이기는 싸움

고민, 결단, 안도, 후회가 곡예를 부리다
승패의 순간 허망한 나락으로 사라지는
흡사 그것은 승부를 뛰어넘는 한판의 인생

SNS댓글덧글

ㄴ 바둑은 스포츠이고 아시안게임 공식 종목이고 프로선수는 바둑만 둬도 먹고사는 세상입니다.

ㄴ 세계적인 기사 이세돌은 바둑을 둘 때마다 스스로 '나는 최고다. 무조건 이긴다.'라며 자기암시와
자기최면을 건답니다. 바둑뿐 아니라 인생도 그렇게 살아야 하지 않을까요. 우리 모두ㅋㅋ

ㄴ 바둑을 소재로 한 영화 〈신의 한수〉에서 안성기가 한 말 "고수에게 이 세상은 놀이터이고 하수에겐
지옥이나 다름없다"… 묵직한 돌직구였습니다~~

ㄴ
```
                                                                          나의 댓글
```

시를 짓는 이유

시는 권력
시는 자유
시는 생명
시는 꿈

어둠 속 불을 밝히고
압제의 사슬을 끊고
날개 없이 창공을 날고
원시의 세계를 방랑하고

시는 음악
시는 미혹
시는 환희

천상의 노래를 들려주고
원수와 적을 내 편으로 만들고
그리운 이 가슴에 똬리를 틀고

시는 영혼이 누리는 무한의 자유

SNS댓글덧글

ㄴ 사랑을 하면 누구나 시인이 된다고 하는데. 근데 시인들은 어떻게 사랑을 하나욤^^

ㄴ 권력과 자유 생명과 꿈 그거면 다 가진 거 아닙니까. 진즉 시인이 될 걸~ 껄껄껄~~

ㄴ 시는 언어를 압축한 것 섹스는 인간의 본성을 압축한 것 ㄲㄲ

ㄴ
┌───┐
│   │
│   나의 댓글 │
└───┘

건축을 알라

건축이란
대지라는 도서관에 소장된 한 권의 책*이자
역사의 무대를 인생의 축소판으로 연출하는 것**

건축은 생각에 상상을 더하는 것
건축은 공간을 사유화思惟化하는 것
건축은 머리가 가슴을 채우는 것

건축을 알아야 하는 이유
지금보다 더 행복해질 수 있기에***

* 호르헤 보르헤스 아르헨티나 문인. 1899~1986

** 지오 폰티 이탈리아 건축가 『건축예찬』 중.

*** 조원용 건축가 『건축 생활 속에 스며들다』 중.

SNS댓글덧글

ㄴ, 한 가지 분명한 것은 건축은 예술이라는 점. 열정을 쏟아 만족을 추구한다는 점에서.

ㄴ, 건축을 알면 행복해진다. 그렇다면 건축가들은 언제나 행복하게 사나요?

ㄴ, 건축은 쓸모, 견고함, 기쁨을 제공합니다. 건축은 문명의 시작이고 다른 예술과 학문도 모두 건축과
연결되어 있구요. 건축을 소홀히 여겨서는 안 되는 이유입니다.

ㄴ,
```
                                                                            나의 댓글
```

권력, 비호감을 탐하다

권력의 속성은
호랑이의 발톱

대립과 갈등이 심화될수록
그 빈틈을 비집고 들어와
자신의 존재 이유를
입증하려 드는 놈

때론
사랑과 공존의 지혜를
포기하도록 만드는 주범

그래도 사람들은
그 주범을 찬양한다
갈구한다
태양을 향해 날아가는
이카루스icarus 처럼

SNS댓글덧글

ㄴ 권력은 매혹적이고 문제해결일 수 있지만, 제게는 여전히 비호감이라는 데 한 표!!

ㄴ 권력은 커질수록 위험하다. 우리나라 대통령제가 문제인 이유.

ㄴ 나폴레옹이 말했다지요. "권력은 애첩과 같다"고. 애첩과 같은 권력, 권력과 같은 애첩 누가 마다하리오. 문제는 본처가 아닌 애첩이라는데 있지요??

ㄴ
```
┌─────────────────────────────────────────────┐
│                                             │
│                                   나의 댓글  │
└─────────────────────────────────────────────┘
```

음악은 절대선善

창가에 동이 틀 때
차 한 잔 마실 때
분위기를 바꾸고 싶을 때
비오는 날 우울해질 때
춤추고 싶을 때…

음악은
마법을 부린다

더할 것은 곱해 주고
나눌 것은 빼버리는

그래서 니이체*도 노래한다
"음악이 없는 삶은 잘못된 삶이며, 피곤한 삶이며, 유배당한 삶이기
도 하다"

＊ 니이체Nietzsche. 독일 철학자. 1844 – 1900

SNS댓글덧글

ㄴ 음악은 음식이나 다름없습니다. 맛있는 음식과 아름다운 음악은 삶에 있어서 빠질 수 없기에 그렇
   습니다. 음악은 마법 이상의 그 무엇, 삶 자체라고 할 수 있지 않을까요.
ㄴ 쇼팽의 야상곡 쇼팽 녹턴 20번 듣고 있는 중. 밤에 홀로 있을 때 꼭 한번 들어보세요. 강추^^
ㄴ 저는 혼자일 때 바하 칸타타 147번 '예수는 인간 소망의 기쁨' 추천합니다.

ㄴ
┌───┐
│   나의 댓글 │
└───┘

미술, 천착하라

미술에 대한 무지함으로
미술을 위한 무노동으로
지금까지 살아왔다면
그건 오아시스를 발견하지 못한
사막의 인생

게으름을 흔들고
호기심을 깨우고
창작의 본능을 일으켜 세우는
미술은 그런 것

한 점의 그림이
한 점의 조각이
인생을 바꿀 수도 있다는데…

지금 미술에 빠져라

SNS댓글덧글

ㄴ 미술은 표현하는 것. 표현은 생각과 아이디어를 나타내는 것. 생각과 아이디어를 아름답게 나타내
는 것이 미술.

ㄴ 인생은 짧고 예술은 길다. 미술은 재미있고 미술은 아름답다 ㅋㅋ

ㄴ 한 점의 그림이 인생을 바꿀 수도 있다? 절반의 동의!

ㄴ ┌───┐
  │   │
  │   나의 댓글 │
  └───┘

추억이란

알맹이가 빈 선물 상자
지울 수 없는 마음 속 일기장
말랐는데도 향기가 나는 장미꽃
다시 돌아갈 수 없는 시간의 정거장
추억이란 그런 것

추억이 그리운 건
다시 연출할 수 없기 때문

추억이 아름다운 건
떠올리면 머리가 웃기 때문

추억이 많아야 하는 건
나이 들수록 재산이기 때문

SNS댓글덧글

ㄴ 그때 그 사람과 겪은 그 사건 ㅋ… 제 마음속 일기장에 남아 있는 평생의 추억이지요.

ㄴ 다시 돌아갈 수 없는 시간의 정거장! 추억의 정의에 마침표를 찍었군요~ㅎ

ㄴ 기억하고 싶지 않은 추억은 지울 수 있었으면 좋으련만…

ㄴ

나의 댓글

이력서는 희극일 뿐

읽는 이에겐 모두 희극
이력서의 행과 행 사이엔
고통과 좌절이 엎드려 있을 뿐

겉모양은 언제나 달과 같다
밝은 면만 보여주고 밝은 쪽만 보기에
비치지 않는 어둠은 보이지 않을 뿐

멀리서 보면 남의 인생은 희극
가까이서 보는 나의 인생은
희비가 쌍곡선을 그리는 연극일 뿐

SNS댓글덧글

∟. 내 인생이 비극이라 생각되는 것은 남의 인생과 비교하기 때문이 아닌가요? 문제는 비교!

∟. 희비가 쌍곡선을 그리는 연극일 뿐. 절묘한 표현에 박수~~짝짝짝

∟. 어쩌면 우리는 우리를 둘러싼 수많은 비극 속에서 한편의 위대한 희극을 만들기 위해 고군분투하고 있는 건 아닐지요.

∟.
```

                                                                          나의 댓글
```

첫눈은

첫눈은 기습이다
도둑처럼 찾아와
마음을 흔들어 놓기에

첫눈은 설레임이다
심장박동이 빨라지고
어디론가 발길을 재촉하기에

첫눈은 그리움이다
첫눈 오면 만나자던 그 사람
와락 생각나기에

첫눈은 특별하다
첫비, 첫바람, 첫안개는
누구도 불러주지 않기에

SNS댓글덧글

ㄴ 첫인상 첫사랑 첫눈… 처음은 각별하고 특별하고 잊을 수 없는 것 **^

ㄴ ♬~~ 첫눈이 내리는 날 안동역 앞에서 만나자고 약속한 사람… 와락 생각이 나네요 ㅎㅎ~

ㄴ 첫눈이 오네요. 그 사람이 사는 곳에도 내릴까요…

ㄴ

나의 댓글

시간의 정의

가장 공평한 자산
어떻게 쓰느냐에 따라
자유의 양과 정도가 달라지는
시간

도둑맞지 않아야 하는 것
하지만 늘상 도둑을 맞아도
문고리를 잠그지 않는다

가장 어려운 일은 시간이 해결해 주고
가장 쉬운 일은 시간을 흘려보내는 것

가장 좋은 일은
시간을 잘 다루는 것

SNS댓글덧글

ㄴ You may delay, but time will not. 당신은 지체할 수도 있지만 시간은 그러하지 않을 것이다. - 벤
    자민 프랭클린
ㄴ 시간의 어원으로는 크로노스Chronos와 카이로스Kairos가 있다. 크로노스의 시간이라는 것은 1초, 1
    시간, 한 달처럼 물리적 시간을 뜻하고, 카이로스의 시간은 개인에 따라 달라지는 시간을 말한다.
    그래서 카이로스는 기회의 신이라고도 합니다.

ㄴ ┌───┐
    │   │
    │   나의 댓글 │
    └───┘

변화의 美

박수, 박을 깨듯

박수는
갈채를 보내고
용기를 돋우고
기분이 좋아지고
졸음을 깨우는 것

박수를 치면
긴장이 해소되고
피곤이 달아나고
다이어트에 좋고
혈액순환이 잘 된다

박수를 칠 때면
박을 깨듯
박이 깨질 듯
크게(大) 쳐라(拍)!
박수 잘 치는 게 대박이고
박수만 잘 쳐도 대박난다

SNS댓글덧글

└ 박수 치면 살이 빠진다. 박수는 제대로 치면 달리기보다 운동 강도가 높다. 온몸으로 박수를 치면
군살이 생길 틈이 없다고 합니다.

└ 주먹박수 한번 쳐보세요. 양주먹을 쥐고 손가락이 닿는 부분끼리. 머리가 띵하거나 아플 때 하면 기
분이 맑고 상쾌해져요. 어깨가 피곤할 때도 좋구요~~

└ 박수만 잘 쳐도 대박이래!! 오늘부터 대박납니다 짝짝짝~~

└ ┌──┐
  │   │
  │   나의 댓글   │
  └──┘

고독에 빠지거든

홀로 세상에 나와 홀로 떠나기에
고독은 불가피

고독이란 길에는
귀신, 도깨비, 뱀, 두꺼비가 숨어 있지만*

고독은
타인과 내가 다름을 인정하고
나 자신을 더욱 자신답게 하는 것**

"위대한 사람들은 대부분 고독했고 홀로 걸어갔다"***

고독할지라도
무소의 뿔처럼 혼자서 가라

* 헤르만 헤세 『고독에 대해서』 중.
** 박인혜 시 「고독」 중.
*** A.W. 토저.

SNS댓글덧글

ㄴ 결국 고독도 혼자서 풀 수밖에 없는 수수께끼!!
ㄴ 아무리 훌륭한 인격자도 성인군자도 고독으로부터의 자유는 불가능~~. 고독을 즐기는 방법을 터
　득하는 게 현명한 사람!!
ㄴ 한 가지 분명한 것은 나이를 먹을수록 더 고독을 탄다는 것. 음메 서러워ㅜㅜ
ㄴ 고독이 안 좋은 것만은 아닌 듯. '고독과 게으름은 상상력을 자극한다' 도스토예프스키의 말입니당~
ㄴ
　　　　　　　　　　　　　　　　　　　　　　　　　　　　　나의 댓글

뇌를 속여라

습관은
뇌를 속이거나
뇌를 길들이는 것

작심이 삼일(作心三日)로 끝나는 건
4일만 반복하면 뇌가 기억하고
습관이 되어 일상이 될 수 있는데
하루가 모자라 습관이 안되는 것

좋은 습관이 중요한 건
행동의 90%가 습관에서 나오기* 때문

뇌를 길들이기 힘들거든
차라리 뇌를 속여라

* D. 핫지 『습관의 힘』 중.

SNS댓글덧글

↳ 어떤 행동이 습관으로 정착하려면 3주 즉 21일이 걸린다고 들었는데… 4일만으로도 가능한가요?
↳ 생각이 행동을 바꾸고 행동이 습관을 바꾸고 습관은 성품을 바꾸고 성품은 인생을 바꾼다~~
↳ 습관도 습관이지만 저는 습관보다 태도가 더 중요하다고 생각해요. 태도가 올바르게 바뀌지 않는
  한 도로아미타불이 된다고 봐요.

↳ ┌───┐
  │   │
  │   나의 댓글 │
  └───┘

편해지려면

편해지려거든

먼저 밥을 사고

묻는 걸 두려워 말고

남의 눈치 보지 말고

가방을 다 채우지 말고

중요한 일부터 처리하고

기억할 것은 메모를 하고

오늘 일은 오늘 마무리하고

내가 좀 손해 본다 생각하고

너무 잘하겠다는 욕심을 버리고

언젠가 누가 해야 할 일은 지금 내가 하라

SNS댓글덧글

ㄴ 먼저 밥을 사라~ 그래야 2차는 내가 안 사도 된다 ㅋㅋ

ㄴ 여행지에 도착해서야 가방 가득 짐을 싼 것을 항상 후회하곤 하는데… 왜 그럴까요?

ㄴ 언젠가 누가 해야 할 일은 지금 내가 하라. 정말 가슴에 와 닿네요. 좌우명으로 삼아도 될까요?

ㄴ

나의 댓글

웃어라! 웃어

분명한 한 가지 쾌락
인생이라는 토스트에 바른 잼*
모든 문을 열 수 있는 만능 열쇠
가장 값싸고 부작용 없는 만병통치약
웃음은 그런 것

당신의 가장 아름다운 모습 역시
웃을 때

여자가 남자보다 오래 사는 이유도
아이가 어른보다 오래 사는 이유도
더 많이 웃기 때문?!

푸하하하~~

* 다이앤 존슨Diane Johnson, 미국 여류작가

SNS댓글덧글

ㄴ 아이가 어른보다 오래 사는 이유도 더 많이 웃기 때문 ㅋㅋ 진짜 우끼는 야그… 아니 개그?
ㄴ 15초 동안 웃으면 이틀 더 오래 산다는 말이 있어요^^*
ㄴ 내가 웃으면 마음이 웃는다. 내가 웃으면 밥상이 웃는다. 내가 웃으면 거울이 웃는다. 내가 웃으면
　타인이 웃는다. 내가 웃으면 우주가 웃는다.
ㄴ 웃으면 웃을수록 웃을 일이 생긴다!!
ㄴ _____

　　　　　　　　　　　　　　　　　　　　　　　　　　　나의 댓글

화나거든

화는 숨길 수 없는 것
화는 참는 게 아니라 다스리는 것
화는 자신이 풀어야 할 숙제를 스스로 내주는 것*

망치는 무언가를 때려 부술 수도
새로운 무언가를 만들 수도 있는 것
화 또한 망치와 같아 잘 다뤄야 하는 것

화火 나거든
먼저 물 한 컵부터 들이키라
불〔火〕을 다스리는 건 물이기에

* 김은주 『일센티 플러스』중.

SNS댓글덧글

∟ 화나면 물 한 컵부터 마시라. 한 바가지 마시면 화가 싹~~ 사라지겠네요 ^0^@

∟ 누군가 말했답니다. 1분 화낼 때마다 60초의 행복을 잃는다고…

∟ 화낼 일이 있을 땐 하나부터 열까지 세어보세요. 그럼 화가 수그러들 거예요. 그래도 화가 나면 다시 열을 더 세어보세요.

∟ 위의 댓글은 화나게 하는 글이 아닌가요?? 누가 스물까지 세고 있나요. 화가 나서 미칠 지경인데…

∟ ┌─────────────────────────────────────┐
  │   │
  │   나의 댓글 │
  └─────────────────────────────────────┘

싸우려거든

싸움은
다리 위에서의 유U턴 행위
돌다리 건너다 발을 헛딛는 것
자신의 영혼에게 뺨을 때리는 짓

풀기 힘들고
되돌리지 못하고
지울 수 없는 상처를 남기는
싸움이란 그런 것

그래도 싸워야 한다면
싸움을 걸어온다면
칼로 물 베듯 싸워라

단, 말은 립싱크로
주먹은 허공으로

SNS댓글덧글

ㄴ 국가간 민족간 종족간 싸움은 어떻게 해석해야 하나요.

ㄴ 싸워서 후회하지 않는 사람은 없지요. 후회할 싸움을 해야 할 이유도 없지요. 그런데도 싸우는 이유
는 뭡니까??

ㄴ 싸우는 건 누구나 다 싫어하는 사실. 그런데 왜 싸움 구경은 재미있는 걸까요ㅋㅋ^^

ㄴ
나의 댓글

꿈을 이루고 싶거든

"아름다운 입술을 원한다면
친절한 말을 자주 하고
사랑스런 눈을 갖고 싶으면
사람들의 좋은 점을 보고
멋진 자세를 갖고 싶으면
누군가 함께 걷고 있다 생각하고
날씬한 몸매를 원한다면
네 음식을 배고픈 이와 나누라"*

꿈꾸는 것은 생각하기 나름
꿈을 이루는 것은 행동하기 나름

* 오드리 헵번 Audrey Hepburn, 벨기에 출신 영화배우. 1929-1993 의 유언 중.

SNS댓글덧글

ㄴ, 얼굴만큼이나 마음도 아름다웠던 세기의 여배우 오드리 헵번! 역시 최고의 배우다운 말을 유언으로 남겼군요.

ㄴ, 날씬한 몸매를 원한다면 배고픈 이와 음식을 나누라!! 참 감동입니다. 내 배 다 채우면서 다이어트 하겠다는 생각에 찬물을 확 끼얹는 기분입니다**

ㄴ, 영화 〈로마의 휴일〉에서 사슴처럼 맑은 그녀의 눈동자가 아직도 눈에 선합니다. 아〜〜 오드리!!

ㄴ, ┌─────────────────────────────────────┐
   │   │
   │   나의 댓글 │
   └─────────────────────────────────────┘

꼭 원한다면

하지 못하게 막을 건 아무것도 없다
가지 못하게 막는 이는 누구도 없다
자신 말고는

힘들다 어렵다 핑계 대는 건
약한 마음으로부터 멀리 달아나지 않기 때문

무언가 온 마음을 다해 원한다면
꼭 이루는 것

"무언가 간절히 원할 때 온 우주는 자네의 소망이 실현되도록 도와
준다네"*

* 파울로 코엘료Paulo Coelho 소설 『연금술사』 중.

SNS댓글덧글

ㄴ 간절히 원하면 이루어진다! 대충 원하는 것보다 더 이루어지겠지요. 열심히 하라는 동기부여일 수
　 도 있구요.
ㄴ 대략 공감하는 내용이네요. 간절히 원하는 것을 위해 차곡차곡 단계를 밟아 간 사람들이 실제 뜻대
　 로 이루는 경우도 많이 있으니까 말이죠.
ㄴ 그런데 정말로 간절히 원하는 복권 당첨은 왜 아니 되는가요~~ㅋ
ㄴ
　 ┌──────────────────────────────────────┐
　 │   │
　 │   나의 댓글 │
　 └──────────────────────────────────────┘

끝나지 않았으면

장갑을 벗기 전까지는 승부를 모른다
끝나지 않았으면 아직 끝난 게 아니다

오아시스의 야자나무가 지평선에 보일쯤
사막의 사람들은 대개 목말라 죽는다

가장 어두운 시간은 동트기 직전이고
마지막 열쇠가 자물쇠를 열지 모른다

아직 끝나지 않았으면 끝난 게 아니다

SNS댓글덧글

ㄴ 마지막 열쇠까지 꽂아봐야… 9회말 투아웃에 역전하는 경우도 있으니… 끝까지 최선을 다해야 한
   다는 말씀!!

ㄴ 가장 어둡고 가장 고요한 시간이 새벽이지요. 그 시기를 넘겨야 아침이 밝아오지요. 일이 잘 안 풀
   릴 때 삶이 팍팍할 때는 지금이 동트기 직전의 새벽이라고 생각하면 되지 않을까요.

ㄴ 아~~ 그런데 나의 새벽은 왜 이리 길까요 ~~ㅋㅋ

ㄴ
   나의 댓글

정리가 요체다

말할 때는 요점 정리가 중요
안 해도 될 말은 굳이 하지 말고
필요한 말을 넘치지 않게 할 것

일 처리는 상황 정리가 중요
일의 경중과 선후를 잘 가리고
불필요한 곳에 헛심 쓰지 말 것

몸단속은 주변 정리가 중요
깔끔한 처신으로 책잡히지 말고
가까운 사람을 적 만들지 말 것

SNS댓글덧글

ㄴ   살아가면서 꼭 필요한 것들… 깔끔하게 정리해 주셨네요 호호〜〜

ㄴ   일처리는 중요한 일부터 하는 게 정답! 빚은 작은 빚부터 갚는 게 답!!

ㄴ   몸단속 잘못해 패가망신하는 사람들에게 꼭 전해주고 싶은 말이네요. 특히 가까운 사람을 적으로
     만들지 말고 ㅎㅎ

ㄴ   울 딸애 책상 정리를 너무 안 해 뭐라 했더니 "아이디어는 정리가 잘 되면 안 떠오른다"네요. 헐〜〜

ㄴ ┌───┐
    │   │
    │   나의 댓글   │
    └───┘

생각대로 살지 않으면

생각이 중요한 건
"인생은 우리가 하루 종일 생각하는 것으로 이루어져 있기"* 때문

이루고자 하는 꿈도
하고자 하는 욕망도
가고자 하는 목적지도
내가 품은 생각의 결과물

미래를 결정하는 건
지금 내가 품고 있는 생각

"생각대로 살지 않으면
사는 대로 생각하게 된다"**

* 랄프 왈도 에머슨Ralph Waldo Emerson, 미국 시인·사상가, 1803–1882

** 제임스 앨런James Allen, 미국 작가, 1864–1912

SNS댓글덧글

ㄴ 그래서 마르쿠스 아우렐리우스는 "우리 인생은 우리 생각이 만드는 것이다"라고 말했다지요.

ㄴ 우리 애들한테 항상 강조하는 말입니다. 생각대로 살지 않으면 사는 대로 생각하게 되고, 생각의 폭
과 깊이가 인생의 폭과 깊이를 정한다고요^^*

ㄴ 음~ 로댕의 〈생각하는 사람〉이 왜 많은 사람들로부터 공감을 얻는지 그 이유를 알 것 같습니다.

ㄴ
```
                                                        나의 덧글
```

담배를 끊으면

담배를 끊으면
일 끝난 후 멍하고
아이디어가 잘 안 떠오르고
'식후연초 불로장생'에 지장(?) 있고
국가 재정에 기여할 수 없겠지만…

담배를 끊으면
키스가 더 달콤해지고
지갑 열 일이 줄어들고
추운 날 밖에서 떨 일 없고
가족들에게 건강을 선물하고
식후불연초로 진짜 장생할 수 있다

SNS댓글덧글

ㄴ 80년대까지만 해도 시내버스나 기차 고속버스에서도 담배를 피웠다는 사실! 지금 기준으로 보면 경악을 넘어 기절을 할 일이라는 생각이 듭니다.

ㄴ 하루에 담배 세 갑을 피우시던 울 아빠. 암 걸리고 나서 뚝 끊었어요. 그전엔 수차례 금연 약속을 지키지 못하더니… 지금은 집안 공기뿐 아니라 세상 모든 공기가 달달합니다 ~~ㅋ

ㄴ 담배는 국민건강의 적이고 백해무익이라고 하는데 왜 국가에서 이걸 만들고 판매하는 겁니까?

ㄴ
> 나의 댓글

열 가지의 좋은 점

속속들이 눈에 들어온다
많이 걷게 돼 건강에 좋다
에너지 절약에 기여한다
명상하거나 잠잘 수 있다
멋진 내 모습 뽐낼 수 있다
예쁜 그녈 매일 볼 수 있다
자리 양보를 받기도 한다
책과 신문을 읽을 수 있다
불편함이 감사로 바뀐다
무엇보다 돈이 절약된다

자가용 대신
버스를 타면

SNS댓글덧글

ㄴ 버스를 타면 이렇게나 좋은 점이 많은 줄 미처 몰랐습니다. 제 자가용 사실 분 손들어 보세요 ~~
ㅋㅋ

ㄴ 버스 타면 출퇴근 때 꽉 막힌 도로에서 전용차선으로 씽씽 달리는 기분! 그게 제일이지요~~

ㄴ

나의 댓글

하루에 한 번

하루에 한 번
고개 들어 하늘을 보라
하늘이 주는 메시지가 있다

하루에 한 번
눈을 감고 생각을 멈춰라
명상은 뜻밖의 선물이 된다

하루에 한 번
밥을 먹듯 책을 펴라
마음의 포만감은 배고픔보다 강하다

하루에 한 번
내게 소중한 것들을 세어 보라
헤아림이 많을수록 당신은 부자다

SNS댓글덧글

┗, 내게 소중한 것들 하루에 한 번 세어 보기. 참 좋은 제안! ★★★

┗, 소중한 것들. 제 두 아들과 큰아들(남편), 강아지, 일하는 가게, 가까운 친구들, 날마다 페북에서 읽고
있는 〈인생 비타민〉…

┗, 하나 더 추가한다면, 하루에 한 번 사랑한다 말하기. 대상이 누구이든지––

┗,
나의 댓글

고민하지 말라

걱정거리를 덜 수도
상황이 나아질 수도
고민이 줄어들 수도
없는 줄 알면서 하는 게 고민

고민은
파리를 닮아
게으른 자 콧등에 올라앉지만
부지런한 이엔 얼씬도 못하는 놈

고민에
고통스러워 말고
눈앞의 일에 푹 빠져라

어린 시절 해지는 줄 모르고
친구들과 공차기 하던 것처럼

SNS댓글덧글

ㄴ 고민과 걱정은 내일의 아픔을 덜어주는 것이 아니라 오늘의 힘을 빼앗아가는 것.

ㄴ 근데 고민을 안 하려고 하면 할수록 더 고민에 빠져드는 이유는 뭔가요?

ㄴ 이 나이에 친구들과 공차기할 수도 없고… 술자리를 하면 고민에서 벗어날 수 있을까~~ 술마시면 술술 슬슬 벗어날 수도?? ㅋㅋ

ㄴ
나의 댓글

천천히 가라

한두 번의 실수는 약과藥果
한두 번의 실패는 보약補藥

달갑지 않은 성공은
단번에 대박을 터트린 것
젊어서 많은 유산을 물려받는 것

개나리, 벚꽃, 진달래는
일찍 피어나지만 빨리 지고
국화, 동백은 늦게 피어도 오래간다

황진이*도 애원하지 않았던가
"청산리 벽계수야 수이감을 자랑마라"

* 황진이 조선 중종 때의 기생·시조시인

SNS댓글덧글

ㄴ 빨리 가서 잘된 사람 보지 못했습니다. 넘 빨리 가려다 넘어지기만 하고ㅋㅋ

ㄴ 국화가 좋은 이유. 오랫동안 피어 있고 향기까지 나기 때문. 사람도 오랫동안 내공을 쌓아야 숙성된 멋과 맛이 배어나는 것 같습니다.

ㄴ 세월이 빨리 가니 덩달아 빨리 가게 되는 건 아닌지?

ㄴ
나의 댓글

인생에도 환절기가

익숙한 것들과의 결별
새로운 것들에 대한 적응
환절기는 긴장이다

타성을 깨뜨려야 하는 것
관성에 역행해야 하는 것
환절기는 도전이다

기억할지어다
인생의 사계절에도
환절기가 있음을

잊지말지어다
환절기를 지혜롭게 나는 게
행복한 인생의 또 다른 비결인 것을

SNS댓글덧글

ㄴ 40대 중반으로 인생의 사계 가운데 여름에서 가을로 넘어가는 환절기에 살고 있습니다. 이 환절기를 어떻게 하면 지혜롭게 보낼 수 있을까요?

ㄴ 위를 올려다 보기보다 주변을 살펴보고, 욕심을 비우고, 가진 것에 족하고, 혼자 빨리 가기보다 여럿이 천천히, 내 주변의 소중한 것들을 잘 챙기고, 다 버려도 호기심만은 버리지 않고… 그게 지혜가 아닌가 싶습니다. 그냥 생각나는 대로 써본 50대의 가을인생이~~

ㄴ
                                                                    나의 댓글

달콤한 늦잠을 양보하면

일찍 일어나는 새처럼
일찍 일어나는 하루는
볼 것도 얻는 것도 많다

누구에게나 시간은 같지만
누군가는 시간을 죽이고
누군가는 시간을 쓰고도 번다

달콤한 늦잠을 양보하면
달콤한 하루가 선물로 주어진다
재미와 감동이 담겨 있는

이름하여
조조영화 보기

SNS댓글덧글

↳ 돈 적게 들이고 복잡하지도 않고 하루를 길게 쓸 수 있는 조조영화 강추!!

↳ 조조영화 보고 나서 카페에 앉아 브런치와 함께 마시는 아메리카노 한잔. 영화의 감동이 파노라마
처럼 다시 피어오릅니다~~

↳ ┌───┐
  │   │
  │   나의 댓글 │
  └───┘

경험하라! 경험

겪었느냐, 않았느냐의 차이는
가늠할 수 없는 강물의 깊이

지식과 이성은 방향만 일러줄 뿐

경험하지 않은 아픔
경험하지 않은 슬픔
경험하지 않은 고난…
흑백사진을 보고 장미꽃이 검다고 말하는 것

아름다움을 이야기하고
향기를 느끼려면
장미꽃 한 다발을 직접 사보는 것

SNS댓글덧글

ㄴ 좋았다면 멋진 추억이고 나빴다면 잊고 싶은 경험이다.

ㄴ 경험은 아주 엄격한 여자 선생님이다. 그녀는 우선 시험을 본 다음에 수업을 시작한다. 문득 생각나는 말입니다 ㅋ

ㄴ 그래서 훌륭한 판단력은 경험에서 오고, 경험은 잘못된 판단을 통해 얻어진다고 하는가 보네요~

ㄴ _____

                                                        나의 댓글

심심할 땐

심심할 땐
서점을 찾아라
뜻밖의 지혜를 발견할 수 있다

심심할 땐
시장에 가보라
삶의 의욕이 생선처럼 펄떡인다

심심할 땐
어릴 적 일기장을 들춰보라
잃어버린 꿈을 되찾을 수 있다

심심할 땐
잊고 지낸 사람에게 전화를 하라
잊지 않은 고마움이 전율로 되돌아온다

SNS댓글덧글

ㄴ 심심할 때 서점에 가는 것 강추! 지혜의 숲에서 산책하는 기분은 그 무엇하고도 견줄 수 없지요~ㅆ

ㄴ 어릴 때 일기장에 적은 제 꿈은 대통령이었는데 지금은 한 가정의 가장 자리도 지키기 힘드네요ㅠ

ㄴ 심심할 땐 가까운 숲길을 걸어보세요. 새소리, 벌레소리, 나뭇잎을 스치는 바람소리… 내 안의 심장
소리까지 들려옵니다~~

ㄴ
나의 댓글

물어라! 또 물어라!

모든 해답의 출발점은 질문
성공을 이끄는 작은 시작도 질문

사과는 왜 땅에 떨어질까?
달마가 동쪽으로 간 까닭은?

물음 속에 답이 있고
물음 끝에 길이 보인다

물음이 없으면 답도 없고
묻지 않으면 아무 것도 모른다

강아지도 온 힘을 다해 문다
물어야 원하는 걸 얻을 수 있기에

SNS댓글덧글

ㄴ 묻는 것은 부끄러운 게 아니지요. 모르는 게 부끄러울 뿐~~

ㄴ 위대한 결과는 위대한 질문의 산물이다.

ㄴ 어릴 때부터 질문하는 습관, 질문하는 교육이 꼭 필요합니다. 특히 남자들, 모르는 길을 갈 때 묻지를 않아요??

ㄴ

> 나의 댓글

주인공으로 살기

가정은 아버지가
회사는 사장이
국가는 대통령이 중심이다

세상의 중심은?
나!

나는 지구의 축이고
세계는 나를 둘러싸고 있기 때문

언제 어디서든 당당하게 외쳐라
"내가 세상의 주인이다"

정녕 주인공으로 살기를 작정해야
진짜 주인으로 살 수 있는 법

SNS댓글덧글

ㄴ 주인으로 산다는 건 내가 하고 있는 일의 의미, 내가 하고 있는 일에 스스로가 부여하고 있는 가치
에 따라 사는 거지요. 그래야만 행복감을 느끼기 때문이지요.

ㄴ 결론은 주인의식을 갖고 살라는 말씀!

ㄴ

나의 댓글

부자가 되고 싶거든

내일 할 일을 오늘 하고
오늘 먹을 걸 내일 먹어라*

부자들과 가까이 하고
가난한 이들을 돌보아라

푼돈을 허투루 보지 말고
돈되는 것에 따지지 말라

감이 떨어지길 기다리지 말고
먼저 감나무부터 심어라

등 따습고 배부르기보다
마음의 부富를 키워라

* 유대 속담

SNS댓글덧글

ㄴ 부자가 되려거든 남들이 가지 않는 길을 가라!!

ㄴ 부자를 존경하라. 그래야 당신도 부자가 될 때 존경받는다!

ㄴ 진정한 부자는 가진 것의 크기가 아니라 현재 가진 것에 만족할 줄 아는 사람이 아닐까요.

ㄴ
┌───┐
│   │
│   나의 댓글 │
└───┘

생각을 바꿔라

생각은 말을 낳고
말은 행동을 낳고
행동은 습관을 낳고
습관은 성격을 낳고
성격은 운명을 낳는다

고로 운명의 어머니는 생각

어떻게 생각하느냐에 따라
미래의 모습이 만들어지고
기쁨과 슬픔도 만들어진다

그대 현실이 고달프다면
그대 미래가 살맛나려면

생각을 바꿔라!

- -

SNS댓글덧글

ㄴ 생각대로 살지 않으면 사는 대로 생각하게 된다고 하지요~~

ㄴ 생각의 힘은 무한하지요. 모든 역사의 출발은 생각에서 비롯되니까요.

ㄴ 문제는 생각을 어떻게 바꾸느냐. 더 큰 문제는 생각만 바꾸면 되느냐?

ㄴ ┌ - ┐
   | |
   | 나의 댓글 |
   └ - ┘

이기적으로 살라

어미가 먼저 배를 채워야
아이에게 젖을 물릴 수 있는 법

자신을 사랑하는 자라야
남도 사랑하는 법

세상은 나로 인해 존재하고
행복은 밖에서 채워지는 게 아니다

천국도 침노하는 자의 것이거늘
고로 이기적으로 살라

단 내 것만 챙기려는
이기주의는 금물

SNS댓글덧글

ㄴ 이기주의의 본질은 자기 사랑을 바탕으로 하고 있지요. 다만 남에게 피해를 주는 자기 사랑이 아니
  어야 한다는 생각입니다.

ㄴ 이 땅에서 사라져야 할 집단 이기주의, 부처 이기주의, 지역 이기주의, 그리고 세월호 사고를 일으
  킨 기업 이기주의…

ㄴ 이기는 나(己)를 이롭게(利) 하는 것. 남에게 피해를 주지 않는다면 이기적으로 살아야~~

ㄴ
┌───┐
│   │
│   나의 댓글 │
└───┘

홈런을 치려면

홈런을 치려면
힘껏 휘두르고
열심히 휘두르고
삼진을 두려워 마라

홈런을 치는 건
단번에 점수를 내고
단숨에 전세를 역전시키고
모두에게 기쁨을 주는 것

홈런을 치려거든
쉬지 말고 휘둘러라
언젠가는 넘어간다
포기하지 않는다면

인생의 홈런도 마찬가지!

SNS댓글덧글

ㄴ 인디언들의 기우제는 실패가 없습니다. 비가 올 때까지 기우제를 멈추지 않으니까~~ 펜스를 넘길
때까지 방망이를 휘두르면 홈런은 나오겠지요!!

ㄴ 홈런은 직구보다 변화구에서 더 많이 나오지요. 내 앞에 힘들고 어려운 변화구가 많이 날아오고 있
는 건 홈런을 날릴 확률도 그만큼 높다는 증거이리~~

ㄴ
```



```
나의 댓글

길 위의 나그네여

인생이란 천 리 길
넓고 평탄할 수만은 없는 법
때론 좁고 가파른 협곡이 나타나고
이따금 비바람이 몰아치기도 하고

인생길이 더욱 고달픈 건
길이 끊기기도 하고
없는 길도 만들어 가야 하기 때문

나그네여
그대 봇짐보다 고단함이 무겁거든
잠시 쉬었다 가게

단 잠들지는 말게

SNS댓글덧글

ㄴ 고달픈 나그네 인생길. 가다가 힘들면 서로서로 마사지나 좀 해주자구요 =_*

ㄴ 산티아고 순례길을 걸으며 발견했습니다. 길위의 인생이란 만나고 헤어지고 나누고 격려하고 위로
하며 함께 간다는 걸.

ㄴ 인생이란 봇짐 속에 꿈과 희망만 담아야 하는데 헛된 욕망까지 담아 그 봇짐이 무거워 가는 길이
더 힘든 건 아닌지 곰곰 생각해 봅니다.

ㄴ
나의 댓글

그러니까 상상하라

상상은
사람이 하늘을 나는 것
골프를 실내에서도 하는 것
시, 그림, 노래, 영화, 사랑…
그 모든 것의 출발점
그러므로 상상하라

상상은
공상과 환상과 망상에 빠져 허상의 나락으로 떨어질 수 있는 것
그럼에도 상상하라

상상은
상상 초월의 세계를 만들기도 한다
그러니까 상상하라

SNS댓글덧글

ㄴ 상상은 미래적 가치에 희망을 키우는 것이기에 현실로 이어지는 법이 많지요.

ㄴ 아는 것이 힘이 아니라 상상하는 것이 힘!!

ㄴ 생각은 유한, 상상은 무한. 보통 '딴생각'이나 '딴짓'이라고 일컫는 상상을 예찬하면 할수록 '상상초월'
   의 '상상날개'를 펼쳐서 '상상나라'에 도달할 가능성이 높다. 〈상상하여 창조하라〉 책에서.

ㄴ

나의 댓글

그래도 사랑하라

아는 길을 물어보면 시간 낭비다
그래도 물어라

공든 탑이 하룻밤 새 무너질지 모른다
그래도 쌓아라

나에게 좋은 것을 남 주면 궁해질 수 있다
그래도 주어라

정직하고 솔직하면 손해 볼 수 있다
그래도 선을 행하라

사람들은 자기중심적이고 이기적이다
그래도 사랑하라

SNS댓글덧글

ㄴ 그래도 열심히 살아라. 삶이 그대를 속일지라도 ㅋ

ㄴ 모르면 중간이라도 간다. 그래도 말하라. 이것도 통하는 말인가요?

ㄴ 못 올라갈 나무 쳐다보지 마라. 그래도 열 번 찍어 안 넘어가는 나무 없다!?

ㄴ

나의 댓글

나를 이기라

참느냐 마느냐
먹느냐 남기느냐
맞서느냐 피하느냐
일어나느냐 더 자느냐
당장 할 것인가 미룰 것인가
저지를 것인가 포기할 것인가
용기를 낼 것인가 객기를 부릴 것인가

모든 갈등은 나와의 싸움
나를 이기는 것이 승리의 출발
나를 이기면 세상을 이길 수 있다

SNS댓글덧글

ㄴ 나와의 싸움에서 이기는 수단. 인내 절제 집념 불굴 냉철 겸손 박력 배짱… 그리고 자기애!!

ㄴ 자신과 투쟁하는 사람은 성공하고 남과 투쟁하는 사람은 실패한다지요.

ㄴ 자신과의 싸움에서 이기기 위해서는 안락함 익숙함 편안함에 언제든 채찍질을 가해야 합니다.

ㄴ 산속에 있는 100만의 늑대보다 내 마음속에 있는 한 마리의 여우를 잡아라!

ㄴ
```
                                                              나의 댓글
```

나를 키우는 건

지식과 지혜, 인맥을 쌓는 건
나를 키우는 기본 조건

나를 키우는 절대 조건은
남들이 보는 나의 평판

좋은 평판이란
겸손과 신뢰, 선한 영향력을 갖추는 것

그대, 나를 키우고 싶거든
지식 위에 겸손을
지혜 위에 신뢰를
인맥 위에 선한 영향력을 더하라

SNS댓글덧글

ㄴ, 다행인 것은 평판이란, 배우지 않고 갖추기만 해도 되는 것이기 때문!

ㄴ, 그래서 '평판'을 '보이지 않는 이력서'라고 하나봅니다.

ㄴ, 평판이 스펙이다! 그런 책도 있어요ㅎ

ㄴ,
```
                                                              나의 댓글
```

인생에서 승리하려면

높은 건물을 지으려면
땅을 깊게 파야 하고

멀리 가려면
짐을 가볍게 해야 하고

높이 점프하려면
무릎을 구부려야 하고

운전을 하려면
두려움을 이겨야 하고

사랑을 하려면
희생을 각오해야 하고

인생의 승리자가 되려면
산전수전의 내공을 쌓아야

SNS댓글덧글

ㄴ 빨리 가려면 혼자 가고 멀리 가려면 함께 가라!!
ㄴ 지극히 당연한 말인데 자꾸 망각하며 사는 것 같네요. 희생을 각오하지 않는 사랑은 이기적인 사랑
일 뿐이죠~
ㄴ 원하든 원하지 않든 산전수전을 거친 성공이 오래가는 것은 불문가지라는 생각이에요.
ㄴ

나의 댓글

100자에 담다. 인생

5 >>>

남과 여
그리고 사랑

남자에게는

남자에게는
꼭 있어야 할 게 있다
살뜰한 아내, 바가지 안 긁는 마누라, 밥 잘 챙겨주는 와이프

남자에게는
있으면 좋은 게 있다
술, 친구, 비상금, 폼나는 자동차…

남자에게는
여자들이 꼭 알아둬야 할
꼭 세워줄 게 있다
– 자존감自尊感
남자는 자기를 알아주는 이를 위해 목숨까지 바치기에

SNS댓글덧글

ㄴ 여자가 그렇게 필요한 존재인지 미처 몰랐네요.

ㄴ 남자는 ~~감 여자는 ~~심 진정한 마음이~ 강하죠! 다음 주제는 여자에게 필요한 것 올려주세요.

ㄴ 남자에게 꼭 있어야 할 하나 더. 요리 잘하는 집사람 ㅋ

ㄴ
> 나의 댓글

여자에게는

여자에게는
꼭 있어야 할 게 있다
애교, 명품 백bag, 친구 같은 딸, 사랑받으려는 고도의 의지…

여자에게는
있으면 좋은 게 있다
커피, 집 가까운 찜질방, 밖에서 먹고 들어오는 남편…

여자에게는
남자들이 꼭 알아둬야 할
꼭 필요한 게 있다
  - 이벤트
여자의 인생은 이벤트라 할 수 있기에

SNS댓글덧글

└ 이건 그대의 생각일 뿐…

└ 슬퍼요. 꼭 있어야 할 게 하나두 없어요~ 크헐~~

└ 여자의 인생은 이벤트! 이걸 아는 남자는 얼마나 될까요? 손들어 보세요!!

└ _____

나의 댓글

여자의 적은

여자들은 왜
내 남자와 바람피운 그 년〔女〕에게
먼저 따지고 응징하려 드는가

여자들은 왜
시어머니와 며느리, 시누이와 올케 간
앙숙이 되는가

여자의 적이 여자인 건
자석이 같은 극은 서로 밀어내려는 성질과 마찬가지

혹은
여자의 적은 질투에 무너진 나 자신(?)

SNS댓글덧글

ㄴ ㅎㅎ 물론 일리 있는 말씀~~ 남자도 똑같진 않겠죠?? 똑같으면 심심해서 자살자 더 늘어날걸
요??~~^^

ㄴ 여성이 남성보다 질투가 많은 건, 역사적으로 여성들은 사랑의 수요에 비해 공급이 부족한 때가 많
았기 때문이 아닐까. 적어도 사랑의 영역에서 질투는 그렇다는 생각입니다.

ㄴ 질투가 있어야 스릴과 드라마가 만들어지지요~~

ㄴ
```
                                                                        나의 댓글
```

수컷의 몰락

당당한 웅성雄性
과장된 자신감
터무니없는 배포…

좋았던 때는 다 갔어
오만한 시절은 모두 지나갔어
유통기한이 지나버린 식품처럼
어느새 불편한 천덕꾸러기 신세

슬금슬금 곁눈질만 늘어가는 슬픈 성性이여
다 늙고 병들어 무리에서 쫓겨나는 숫사자여
오! 몰락하는 수컷이여

SNS댓글덧글

ㄴ ㅋ 수컷의 탓이 아니에요. 원래 인류는 모계사회였는데 다시 그때로 돌아가는 거예요. 넘 서러워 마
세요 ㅋㅋ

ㄴ 가수 신해철 노래에 〈수컷의 몰락〉 있어요. 함 들어보세요. 가사가 넘 절절해요 ㅠ_ㅠ

ㄴ 요즘엔 맞고 사는 남자들도 있다잖소 ㅠㅠ

ㄴ ┌ ─ ┐
   │   │
   │   나의 댓글 │
   └ ─ ┘

남자는 거리다

남자의 로망이 자동차라면
남자의 자존심 중 하나는 '거리'

어릴 적 친구들과는
오줌발 멀리 보내기
골프를 배우면서는
어떻게든 장타 날리기

거리에 죽고사는 게 남자들의 숙명(?)

나이 들수록 정작 중요한 건
거리를 줄여야 하는 것

아내와의 거리
신神과의 거리
소변기와의 거리

SNS댓글덧글

↳ 남자들이여 거리에 목매지 마라. 거리보다 중요한 건 중심이다. 중심을 못 잡으면 인생 자체가 흔들린다.

↳ 거리에서 한 남자를 만났는데… 처음엔 낯선 그 남자. 점차 거리를 좁혀오더니 결혼에 골인했다. 거리가 가까워지면 역사가 이루어진다. 호호~^^

↳

나의 댓글

남자들은

남자들은

눈물이 나와도 애써 울지 않는 척한다
남들보다 운전을 잘한다고 생각한다
착한 여자라 쓰고 예쁜 여자라 읽는다
섹스를 해야 그녀가 내 여자라고 믿는다
남자답게 살아야 진짜 남자라고 여긴다

남자들은

자기기만의 가면을 둘러쓴
가짜 인생을 사는지도 모른다

SNS댓글덧글

ㄴ 남자는 덜 진화된 동물(?)이기 때문에 그럴지도 모르죠. 여자보다 털도 더 많이 나 있구! ㅎㅎ
ㄴ 문제는 남자 자신들은 가짜 인생을 산다고 생각하지 않는다는 것. 역시 남자는 문제적 인간??
ㄴ 착한 여자라 쓰고 예쁜 여자라 읽는다― 딱이야 딱~~ 남자들은 죽을 때까지 예쁜 여자만 찾는다!!

ㄴ
나의 댓글

수컷을 위한 어떤 위로

무조건 출세하고
무조건 돈 많이 벌어야 하고
그래도 원망 마라

뚝심, 배포, 남자다움…
안개처럼 사라져 버렸다
그래도 서러워 마라

곁눈질은 늘어가고
끼니때가 되면 눈치 보이고
그래도 당당하라

'수컷의 몰락'은
암컷으로서도 끔찍한 일
암컷으로서도 상상할 수 없는 일

SNS댓글덧글

└, 어쩌다 수컷이 몰락의 지경에까지 이르렀는지?? 아 옛날이여~~

└, 제목이 아주 그냥~~확 ~ 와닿네여…ㅎ 참고로 전 수컷은 아닙니더~~ㅎㅎ

└, 그래도 인간 *컷은 동물 수컷에 비교하면 나은 편입니다. 동물은 대개 임신만 시키고 떠나야 하는데 인간은 잘하면 평생 쫓겨나지 않고 사니까요. 위로 멘트 날리는 겁니다 ㅋ

└,
```
┌─────────────────────────────────────────┐
│                                         │
│                              나의 댓글   │
└─────────────────────────────────────────┘
```

여자에게 다 줘야 하나*

대세는 기울었다
몸부림쳐도 소용없다
별다른 방어기제가 없다

여자는 밀물이며 남자는 썰물이다
여자들은 남자 없이도 잘 살 수 있다

물어볼 필요 없이 다 줘야 한다
이왕 줄 바에 남자답게 화끈하게 주자
미련없이 아낌없이 다 주자
그래야 남자가 산다

씁쓸하고 고깝지만…

* 이상화『여자에게 다 줘라』참조.

SNS댓글덧글

└ 뭘 줘야 하나요? 가진 건 ○○ 두쪽 뿐인데 ㅎㅎ

└ 성의 권력교체는 이미 시작됐다!

└ 여성상위시대의 남자들!! 20대엔 다른 여자 쳐다봤다고 혼나고 30대엔 술먹고 외박했다고 혼나고
   40대엔 TV채널 다른데 돌렸다고 혼나고 50대엔 화장하는데 어디 갈 거냐 물었다고 혼나고 60대
   엔 외출하는데 따라가겠다 해서 혼나고~~ 씁쓸합니당.

└ ┌───┐
   │   │
   │   나의 댓글 │
   └───┘

남자 VS 여자1

남자는 첫사랑을 가슴에 새기고
여자는 첫사랑을 기억에 남긴다

남자는 배우 같은 여자와 사랑하길
여자는 영화 같은 사랑을 꿈꾼다

남자는 예쁜 여자에게만 호기심을
여자는 관심있는 남자에게만 갖는다

여자는 남자의 시선을 눈치채지만
남자는 여자의 눈길을 잘 못 느낀다

SNS댓글덧글

ㄴ 남자의 시선은 음침! 여자의 눈길은 그윽!
ㄴ 남자의 호기심을 매도하지 마세요. 남자의 호기심이 있기에 여자들의 아름다움이 꽃을 피우는 게
　　아닐까요.
ㄴ 남자들은 여성에게서 받은 눈맞춤을 얼마나 황홀해 하는지 여자들은 잘 모를 겁니다~~
ㄴ 사랑을 알 듯 모를 듯한 첫사랑! 첫사랑이 강렬하게 남는 것은 가장 순수한 사랑이었기 때문!!
ㄴ
    나의 댓글

남자 VS 여자2

남자는 잊지만 용서는 못 하고
여자는 용서하지만 잊지 못 한다

남자는 성격으로 외모를 커버하고
여자는 외모로 성격을 만회하려 한다

남자는 여자를 경험해야 알고
여자는 남자를 느낌만으로도 안다

남자는 여자에게 첫남자이길
여자는 마지막 여자이길 원한다

SNS댓글덧글

ㄴ 여자도 남자에게 첫여자이길 원해요^^ 다 그럴 거라 장담은 못 하지만 ㅎㅎ^

ㄴ 성격도 좋고 외모도 좋은 그런 여자이고 싶어요 ㅎㅎ

ㄴ 남자들은 경험을 해야만 여자를 알 수 있다! 무슨 경험을 말하는 건지? 아리송송~~

ㄴ

나의 댓글

남자 VS 여자3

남자는 냉장고 안 물건 찾는데 30초
여자는 3초밖에 안 걸린다

남자는 몰라도 아는 척 잘하고
여자는 알아도 모르는 척 잘한다

남자는 필요한 물건을 비싸게 사오고
여자는 필요 없는 물건을 싸게 사온다

여자는 남자의 외도를 육감으로 알고
남자는 여자의 바람을 알려줘야 안다

SNS댓글덧글

ㄴ 여자가 남자의 외도를 알게 되는 건 육감뿐 아니라 남자들이 흘리고(?) 다니기 때문이지요.

ㄴ 남자가 자기 여자가 바람피운다는 사실을 아는 건 주변 사람들이 다 알고 나서라는데 맞나요??

ㄴ 필요 없는 물건을 비싸게 사오는 우리집 남편은 뭡니까?

ㄴ ┌───┐
   │   │
   │   나의 댓글 │
   └───┘

남자 VS 여자4

남자는 여자의 내숭에 속고
여자는 남자의 허풍에 속는다

여자는 단계적으로 나가기 원하지만
남자는 한 번에 뛰어넘고 싶어한다

남자는 애인을 친구 애인과 비교하고
여자는 애인을 아빠와 비교한다

남자는 사랑이 식으면 거짓말하고
여자는 사랑이 시작되면 거짓말한다

SNS댓글덧글

ㄴ, 여자가 남친을 아빠와 비교하는 건, 결혼을 염두에 두고 있기 때문!?

ㄴ, 여자가 사랑을 시작하면 거짓말?? 동의할 수 없어요. 사랑은 진실이라는 토대 위에서 이뤄지기 때문에~~

ㄴ, 단번에 뛰어넘고 싶어하는 남자들. 술 마실 때 남자들은 원one샷을, 여자들은 원₩₩샷을 좋아하는 이유가 거기에 있었군요.

ㄴ,
나의 댓글

남자 VS 여자5

남자는 여자의 생일을 잘 잊지만
여자는 처음 만난 날짜까지 기억한다

여자의 부정좀定은 부정이 아닐 수 있지만
남자의 부정은 부정 그 자체다

여자는 말 안 해도 알아주길 원하고
남자는 확실한 답을 듣길 원한다

남자는 싸우기 싫어 먼저 사과하고
여자는 잊기 위해 먼저 사과한다

SNS댓글덧글

ㄴ, 우리 집은 와이프가 제 생일을 기억 못하는데 ㅠㅠ 자칭 숫자치라나 뭐라나~

ㄴ, 여자의 강한 부정은 오히려 긍정일 수가 ㅋ 안 돼요 안 돼~~ 돼요 ㅋㅋ

ㄴ, 말 안 해도 알아주기를 여자들은 원하는 것 같은데… 뭘 원하는지 남자들은 잘 알 수가 없어요! 그
것이 문제?

ㄴ,
> 나의 댓글

남자 VS 여자6

여자는 마음에 떠오른 말을 하고
남자는 마음 먹은 말을 한다

남자들은 모이면 여자 이야기를
여자들은 모이면 연예인 이야기를

남자는 알아주는 사람을 위해
여자는 사랑해 주는 사람을 위해 산다

남자는 만인의 영웅이 되고 싶어 하고
여자는 한 영웅의 여인이 되고 싶어 한다

SNS댓글덧글

└. 요즘 아줌마들은 모이면 자식 이야기 남편 이야기 시댁 이야기 합니다.

└. 나만 사랑해 주는 한 남자의 여인이 되고 싶어요~~ 어디 있나요~~*^^*

└. 여자는 마음에 떠오른 말을 한다. 그럼 막말을 하는 건가요?? 막말은 남자들이 더 많이 하는데ㅋㅋ

└.

> 나의 댓글

남자 VS 여자7

남자는 딴 여자가 없는 척하고
여자는 딴 남자가 많은 척한다

남자의 무관심은 실제로 무관심
여자의 무관심은 질투일 때가 많다

남자는 애인 있어도 바람 피우고
여자는 애인에게 실망하고 딴 남자 찾는다

남자는 불행해질 때 타락하고
여자는 행복에 겨울 때 탈선한다

SNS댓글덧글

ㄴ 행복에 겨울 때 탈선하는 여자. 신파조의 영화에 많이 등장했던 스토리. 알다가도 모를 일!?

ㄴ 요즘 들어 나에게 너무 잘 해주는 이 남자. 혹시 바람?

ㄴ 남자는 육체적인 이유로 바람을 피우고 여자는 정서적인 이유로 바람을 피운다죠.

ㄴ 여자가 무관심한 건 한 마디로 당겼다 풀었다 즉 밀당입니다. 관심 있는 척 없는 척하는 겁니다.

ㄴ

나의 댓글

남자 VS 여자8

마음에 들면
남자는 마구 들이대고
여자는 안 그런 척한다

사귀기 시작하면
남자는 처음에 온 정성을
여자는 갈수록 정성을 들인다

화가 나면
여자는 생각 않고 말하고
남자는 생각 없이 행동한다

사랑이 식으면
여자는 옛날로 돌아가고
남자는 다른 여자를 찾는다

SNS댓글덧글

ㄴ 요즘 여자들은 마음에 드는 남자를 만나면 마구 들이댑니당~~ㅎㅎ

ㄴ 일단 내 여자다 싶으면 남자들이 소홀해지기 시작한 것은 남자들의 타고난 이기심 때문!?

ㄴ 사랑이 식으면 남자는 술에 빠지고 여자는 슬픔에 빠진다 ㅠㅜ

ㄴ
나의 댓글

남자 VS 여자9

여자에게 중요한 건 관계
남자에게 중요한 건 서열

남자의 언어는 욕망이고
여자의 언어는 공감이다

여자의 삶엔 은퇴가 없고
남자의 삶엔 휴식이 없다

남자는 줄 때 더 기분 좋고
여자는 받을 때 더 행복하다

여자는 나이 들수록 강해지고
남자는 나이 들수록 약해진다

SNS댓글덧글

ㄴ, 여자는 죽는 순간까지 아내이고 어머니이며 며느리요 딸이기에 ㅜㅜ 은퇴가 없다!!

ㄴ, 선물은 줄 때나 받을 때나 행복한 것 아닌가요? 남자나 여자나!

ㄴ, 남자가 나이 들수록 약해지는 건 수명이 여자보다 짧기 때문? 혹은 젊어서 엉뚱한(?) 헛심을 많이 썼기 때문?

ㄴ,
｜   ｜
｜   ｜
｜   나의 댓글 ｜

이쁘면 다인가?

남자들은
10대땐 잘생긴 여친을
20대땐 쭉쭉빵빵 애인을
30대땐 섹시한 여자를
40대땐 미모의 여인을
50대땐 아름다운 줌마를
60대 70대땐 고운 여사님만을 찾는다

여자가 이쁘면
다 용서받는 이유
죽을 때까지 사랑받는 이유

별명이 짐승남인
남자들 때문이다!

SNS댓글덧글

ㄴ 남자들은 미에 대한 콤플렉스를 타고나기에 그런 것 아닌지?? 아유~~ 못 말리는 짐승남들 ㅠㅠ

ㄴ 끊임없이 아름다움을 가꿔 나가도록 노력하는 게 더 중요하겠지요. 얼굴이나 몸매보다 마음씨를요
ㅅㅅ**

ㄴ 누군가로부터 사랑을 받는다는 건 분명 기분 좋은 일이죠. 그렇다고 평생을 기분 좋게 살 수 있는
제일 조건이 예쁜 얼굴은 아닐 겁니다.

ㄴ
```

                                                                              나의 댓글
```

첫사랑

첫사랑은
그리움으로 남아있을 때
존재 가치가 있는
우물 속 다이아몬드

첫사랑은
아물지 않은 가슴 속 상처를
꿰매기 위해 찾아야 하는
풀밭의 바늘

첫사랑은
세월이 흘러도 풀리지 않는 수수께끼
그래도 언젠가는 풀고 싶은
평생의 숙제

고로 첫사랑의 향기는
기체가 아닌 고체

SNS댓글덧글

ㄴ 첫사랑은 왜 이루어지지 않을까요? 그래서 두고두고 숙제가 되나요.

ㄴ 저는 첫사랑에 골인해 지금까지 자알~ 살고 있어요. 가끔은 다른 사랑이 궁금(?)하기도 하지만…

ㄴ 저는 첫사랑의 추억이 없어요. 가슴 아픈 이별도 못해 보고. 사랑니도 안 나오고 그래서 아직 철이 없나봐요~~ㅋㅋ

ㄴ
┌───┐
│   │
│   나의 댓글 │
└───┘

짝사랑, 그 달콤쌉싸름함

슬프고도 아름다운 사랑

짝사랑이 아름다운 건
내 마음을 소낙비처럼 줄 수 있기 때문

짝사랑이 슬픈 건
나도 비에 젖고 싶은데
이슬비는커녕 구름조차 보이지 않기 때문

그래도 짝사랑이 좋은 건
언제라도 비를 멈출 수 있기에

그래도 짝사랑이 싫은 건
목이 말라 죽을 수 있기에

SNS댓글덧글

ㄴ 목이 말라 죽은 짝사랑. 슬프고도 안타까운 짝사랑 때문에 아직도 솔로로 살고 있는 제 친구에게 딱
　 바치고 싶은 글이네요.

ㄴ 안개 낀 날엔 유리창에 그녀 이름을 쓰고, 바다에 가선 하얀 모래사장에 그녀 이름을 쓰고, 깊은 밤
　 텅 빈 내 가슴에도 그녀의 이름을 썼건만… 그녀는 한 번도 나의 이름을 불러주지 않습니다.

ㄴ 짝사랑이 좋은 이유가 또 있지요. 소멸시효가 없다는 점.

ㄴ
┌───┐
│   │
│   나의 댓글 │
└───┘

사랑한다면

사랑한다면

다른 여자와 비교하지 않기
달팽이에게 물렸다 해도 믿어주기
하늘의 별이라도 따주겠다 말하기
한 번쯤 걸어서 집까지 바래다주기
예쁜 여자 지나가도 쳐다보지 않기
첫눈 오면 눈썹 빠지도록 달려오기
울려주기… 너무 재미있는 이야기로

그리고 넌 나 따라 하기

SNS댓글덧글

ㄴ 사랑한다면 당당하고 과감하고 자신 있게… 길거리에서도 뽀뽀하기ㅋㅋ♥

ㄴ 사랑한다면 너무 많은 것 바라지 않기, 간섭하지 않기, 서두르지 않기, 기다리게 하지 않기, 욕심부
    리지 않기, 그가 좋아하는 것만 시키기…

ㄴ ┌───┐
    │   │
    │   나의 댓글 │
    └───┘

사랑해선 안 될 사람

친구가 없는 사람
비밀이 너무 많은 사람
자기방식만 고집하는 사람
거짓과 변명에 익숙한 사람
약속 시간에 자주 늦는 사람
주기보다 받는 것만 원하는 사람
내 얼굴보다 폰을 더 들여다보는 사람…
사랑하면 안 될 사람

그리고
내게 사랑이 없다면
꼭 살펴봐야 할 것들

SNS댓글덧글

ㄴ 사랑해선 안 될 사람 추가요! 돈 빌려달라는 사람, 빌려 간 돈도 안 갚으면서 ㅜㅜㅜ

ㄴ 사랑의 표현이 너무 서툴러도 문제이지만, 사랑의 표현이 너무 프로다워도 위험한(?) 사람 ㅋㅋ

ㄴ 둘이서 데이트하는 데도 카톡하느라 내가 옆에 있는지 없는지도 모르는 사람. 강~ 사랑해야 하나 말아야 하나??

ㄴ
> 나의 댓글

사랑해도 좋은 사람

꿈이 있는 사람

속이 꽉 찬 사람

만나면 기분 좋은 사람

사랑의 문이 열려 있는 사람

자기 몫을 나눌 줄 아는 사람

먼저 남을 위해 기도하는 사람

자기의 의義를 드러내지 않는 사람

자신의 처지를 약진의 발판으로 삼는 사람…

사랑해야 할 사람

그리고

사랑받고 싶다면

꼭 살펴봐야 할 것들

SNS댓글덧글

ㄴ 속이 꽉 찬 사람, 자신에겐 엄격하고 남에겐 관대한 사람… 저는 그런 사람 사랑하고 싶어요~~

ㄴ 저는 어떤 사람인가 되돌아보게도 되고, 주변에 저런 사람 없나 둘러보게도 되네요.

ㄴ 먼저 남을 위해 기도하는 사람은 사랑해도 좋은 사람이 아니라 꼭 붙잡아야 할 사람!!

ㄴ 사랑받지 못한 이유 이제야 깨닫습니다. 지금의 처지를 약진의 발판으로 삼아야겠습니다 ^^0

ㄴ

나의 댓글

달콤함의 미학, 키스

때론 부드럽게
때론 날카롭게
때론 사탕처럼
때론 삼키듯이

키스는
율동적이면서 선정적인 사랑의 서곡
입술을 통해서 가슴으로 느끼는 밀어蜜語
3분도 3초처럼 짧게 느껴지는 시간
사랑을 실감하는 가장 달콤한 보증

그래서 키스는
"마음을 빼앗는 가장 힘세고 위대한 도둑이다"*

* 소크라테스Socrates, 고대 그리스 철학자, BC470경-BC399

SNS댓글덧글

ㄴ 키스는 벼락처럼 다가와서 안개처럼 사라진다.
ㄴ 영국에는 키스학교가 있어 키스의 매뉴얼은 물론 테크닉을 가르친다는데… 그런데 우리나라 남자
　들은 키스하는 법을 너무 모르는 것 같아요 ㅠㅠ
ㄴ 문제는 키스가 끝난 후의 어색함을 어떻게 넘겨야 하는 건지??
ㄴ 아이폰 어플 〈키스의 정석〉 강추~~
ㄴ
　┌─────────────────────────────┐
　│   │
　│   │
　│   나의 댓글│
　└─────────────────────────────┘

왜 나쁜 남자에게 끌리는가

수컷공작처럼 화려한 치장
자유롭고 쿨하고 자신감 넘치고
자신은 신이 내린 선물이라 착각하는
나르시스트narcist*
- 그대는 나쁜 남자

늑대 같은 이 남자가 좋다
거부할 수 없이 다가오는 거친 매력
혹惑한 나비에게 어찌 입술을 닫을 수 있겠는가

그래도 나쁜 남자는 나쁜 남자일 뿐

* 나르시스트: 나르시스즘narcissism 즉 자기애愛, 자기도취에 빠진 사람.

SNS댓글덧글

┗ 그런데 남자들은 나쁜 남자가 되기보다는 착한 남자가 되기 위해 무진 애를 쓸까요?

┗ 나쁜 남자는 나쁜 놈일 뿐이죠 ㅋ

┗ 연애는 나쁜 남자와 결혼은 착한 남자와 ㅋㅋ^o^

┗

나의 댓글

문제는 마음

좋아하는 건 마음이 가는 것
고백하는 건 마음을 보여주는 것
유혹하는 건 마음을 빼앗는 것
사랑하는 건 마음을 주는 것
결혼하는 건 마음이 하나 되는 것
질투하는 건 마음을 붙잡고 싶은 것
미워하는 건 마음이 떠나는 것
헤어지는 건 마음이 없는 것
후회하는 건 마음이 아픈 것

SNS댓글덧글

ㄴ 결국은 마음을 어떻게 다스리느냐에 달려 있다?

ㄴ 마음의 정체 그것이 궁금할 뿐…

ㄴ 마음이란 바람과 같아 언제 어떻게 바뀔지 모른다. 좋은 감정에 이를 때 마음을 꽉 붙들어 매라!

ㄴ 마음은 어디에 있을까요. 내 몸 안에 있는 건 맞나? 내 안에 있다면 내가 왜 모를까. 마음아! 지금 넌
어디쯤 있니~~??

ㄴ ┌───┐
  │   │
  │   나의 댓글 │
  └───┘

연애의 기술

때론
애를 태우고
연약하게 굴고
허술하게 보이고
모성애를 유발하라

가끔은
연락을 뚝 끊고
나쁜 남자처럼 굴고
과장된 자신감을 보이고
깜짝 이벤트를 열어 주어라

절대 건드려선 안 되는 건
자존심, 콤플렉스, 집안 배경

항상 잊지 말아야 할 건
자신감, 섹시함, 프로포즈 기회

SNS댓글덧글

└ 교과서와 같은 기술은 성공 확률이 뚝 떨어짐. 가급적 독특하고 이색적인 기술을 사용할 것. 단 프로와 같은 냄새가 나면 실패 확률 확 올라감.

└ 사람에 따라 다 다른 것 같아요. 단 기회가 왔을 때는 확실히 붙들어야 한다는 것. 이번이 막차라는 생각으로~~

└ 　　　　　　　　　　　　　　　　　　　　　　　　　　　　나의 댓글

사랑의 정의

사랑이란

우발적으로 마주친 타자로부터 발생하는 기쁨을 끈덕지게 유지하
려는 노력 – 철학적 풀이

추운 날 화천 단호박 찐빵을 레인지에 살짝 덥혀서 달콤한 미소를
발라 그대에게 내미는 것* – 이외수식 해석

인생의 목표는 오직 사랑, 나머지는 무위無爲 – 필자의 횡설橫說

* 이외수 『사랑외전』 중.

SNS댓글덧글

└ 더 이상 사랑하지 않는 사람들은 전 때문에 산다고 말한다. 그렇다면 정이 들수록 사랑은 식어가는
  것인가요.
└ 사랑의 어원은 사량思量이라고 합니다. 사량이 변해서 사랑이 됐다는 겁니다. 생각을 많이 하는 것,
  그 사람에 대한… 그것이 사랑이라네요.
└ ┌───┐
  │   │
  │   나의 댓글 │
  └───┘

사랑1

가장 무모한 투기
가장 선량한 복종
가장 처절한 승부

아무리 차고 넘쳐도 부족
아무리 뜨거워도 얼음
아무리 사무쳐도 공허함

때론 오해와 이해의 줄다리기
때론 감정과 논리의 곡예
때론 황당과 감동의 반전

모순과 욕망과 관용과 분노가 가득 담긴 항아리

SNS댓글덧글

ㄴ 모순과 욕망과 관용과 분노가 가득 담긴 항아리 위에 진실이란 이름의 위선과 허울의 포장지를 씌우기도 하지요.

ㄴ 아무리 뜨거워도 얼음 ㅋㅋ 절대 공감.

ㄴ 사랑엔 100가지의 감정이 섞여 있는 것 같아요. 그래서 풀 수 없는 수수께끼가 아닌지~~

ㄴ

나의 댓글

사랑2

사랑은
지금 꽃을 피우는 것이다
꽃을 피우겠다거나 꽃이 피었었다가 아니다

사랑은
과거의 추억도 아니고
미래의 수수께끼도 아닌
지금 주어진 선물Present이다

지금 여기에서의 사랑
그것만이 진짜 사랑이다

사랑에는
현재진행형밖에 없다

SNS댓글덧글

ㄴ 감미로운 봄날은 나의 시간, 당신의 시간, 그리고 우리의 시간이에요. 왜냐하면, 봄날은 사랑의 시간이니까요. 만세! 감미로운 사랑이여. E.E.커밍스의 사랑 글귀 중.

ㄴ 사랑은 내 영혼에게 기쁨을 주는 가장 큰 선물!

ㄴ
┌─────────────────────────────────────┐
│   │
│   나의 댓글 │
└─────────────────────────────────────┘

사랑3

"강자는 반드시 약자를 핍박할 것이고,
부자는 가난한 자를 업신여기며,
신분이 높은 자는 비천한 자를 경시할 것이다.
세상 사람들이 서로 사랑하지 않는다면"*

시공時空을 뛰어넘어
톨스토이**는 다시 외친다
"세상에 풀 수 없는 모순은 없다.
사랑이 있다면"

지금 다시 묻는다
사랑아! 있느냐?

* 묵자墨子. 중국 철학자. BC 470?~390?

** 톨스토이Tolstoy. 러시아 대문호. 1928~1910

SNS댓글덧글

↳ 사랑 하나만으로 세상의 모든 모순을 해결할 수 있다는 데 동의할 수 없음.
↳ 사랑은 어느 곳에나 있지만 아무 때나 있지는 않은 것 같아요.
↳ 사랑은 숨바꼭질의 선수! 찾아다닐수록 숨어버리니 ㅜㅜ^
↳

나의 댓글

사랑4

사랑은
없을 땐 외롭고
거부당할 땐 아프고
빼앗길 땐 쓰라리다

사랑은
의심으로 퇴색하고
질투 때문에 상처받고
욕망으로 허물어진다

사랑은
환상으로 시작하여
환희를 거치지만
엔딩ending은 알 수 없다

사랑은
맹목적일 때 순수하고
합리적일 때 무미하고
이율배반적일 때 깨진다

SNS댓글덧글

∟ 사랑은 저돌적일 때 이뤄진다~~ㅋㅋ

∟ 사랑의 엔딩은 결혼! 결혼의 엔딩은 이혼?

∟ 사랑이 합리적일 때 무미하다는 말은 재미가 없다는 뜻! 그런 것 같기도 하고 아닌 것 같기도 하고
   …

∟
```
                                                              나의 댓글
```

사랑5

상대를 바꾸는 값싼 사랑 말고
한 사람과 진실한 사랑을 하라

마음에 없는 순간적 사랑 말고
영혼이 담긴 영원한 사랑을 하라

욕망에 치우친 공허한 사랑 말고
마음을 나누는 숭고한 사랑을 하라

마지못해서 하는 억울한 사랑 말고
사랑하고픈 사람과 진짜 사랑을 하라

SNS댓글덧글

ㄴ 한 사람과 진실하고 영원한 사랑은 이상일 뿐. 결혼해서 평생 한 사람과 사랑하며 살아야 한다는 건 너무 가혹한 현실??

ㄴ 어떠한 사랑도 사랑하지 않는 것보다 낫다? 아니다!

ㄴ
> 나의 댓글

사랑 이론異論

사랑이란 마음 먹기 나름이다

사랑받지 못한 이는 사랑하지 않는 자다

사랑엔 어떤 전술도 무죄다

"남자의 사랑은 인생의 일부, 여자의 사랑은 인생의 전부이다"*

여자에게 사랑은 봄처럼, 남자에게 사랑은 가을처럼 온다

남자는 먼저 안겨 오기를, 여자는 먼저 안아 주기를 바란다

＊ 바이런Byron. 영국 시인. 1788-1824

SNS댓글덧글

ㄴ 남자는 먼저 안겨 오기를, 여자는 먼저 안아 주기를… 딱이에요 딱!
ㄴ 사랑이 마음먹기 나름은 아닌 것 같아요. 저는 오래전부터 무척 마음먹고 있는데 그게 마음처럼 되지 않아요 ㅠㅠ
ㄴ 이론異論이 아니라 이론理論이라고 해도 무방~
ㄴ

나의 댓글

남편에게 사랑받고 싶거든

"당신만 믿어요"
"역시 당신밖에 없어"
"당신이라면 할 수 있어요"
"내가 시집 하나는 잘 왔지"
"당신은 언제 봐도 멋있어"
"여보! 나보다 먼저 가면 안 돼"
"다시 태어나도 당신을 택하겠어"

남편에게 사랑받고 싶거든
입술과 친해져야 할 말들

종종 남의 편 같더라도
이내 내편으로 돌아온다

SNS댓글덧글

ㄴ 남의 편을 진짜 남편으로 돌아오게 하는 말들 ㅋ 저두 오늘부터 열심히 말 할거예요~

ㄴ '아내에게 존경받고 싶거든' 이런 주제의 글도 필요하지 않나요 ㅎㅎ

ㄴ 다시 태어나도 당신을 택하겠어!!! 근데 울 남편이 나를 택하지 않으면 어떡하죠?^^*

ㄴ
나의 댓글

부부란

화성에서 온 남자와
금성에서 온 여자가
지구라는 별에서 만났다
천생연분이라 믿으며

생각과 성격이 다르기에
오해와 갈등은 불가피
가는 방향과 목적이 같기에
이해와 협력은 필수

평생을 함께 사는 건
행복 혹은 대단한 인내
함께 평생을 살지 않는 건
불행 혹은 차라리 다행

SNS댓글덧글

└ 우리 부부는 둘 다 금성에서 왔는데, 사는 곳이 지구라서 힘들어요 ㅎㅎ

└ 함께 평생을 살지 않는 게 다행 ㅋㅋ. 돌싱들에게 위로의 말이 되겠군.

└ 부부 사이는 우주보다 더 알기가 어렵다고 합니다. 서로 이해하려는 노력만이 평생을 함께할 수 있
   는 비결이 아닌가 싶네요.

└ ┌───┐
   │   │
   │   나의 댓글 │
   └───┘

결혼

사랑의 결실이자 연애의 완성
끝이 없는 행복의 시작일 것 같지만
혹은 굴레가 되고 속박이 되고

인류가 만든
가장 훌륭한, 또는 가장 난해한 제도
그래서 소크라테스*왈
"결혼은 해도 후회, 안 해도 후회"

진정 성공한 결혼을 바란다면
결혼할 땐 세 번 기도를–러시아 속담
결혼해서는 날마다 기도를–필자의 주문

* 소크라테스Socrates. 고대 그리스 철학자. BC470경~BC399

SNS댓글덧글

ㄴ, 말도 많고 탈도 많고 득도 있고 실도 있고 그래도 하는 결혼. 안 하는 것보다는 하고 나서 후회하는
   것이 낫다는 생각.
ㄴ, 네덜란드 속담엔 초혼은 의무, 재혼은 바보, 세 번째 결혼하는 자는 미치광이란 말이 있답니다.
ㄴ, 성공한 결혼, 저는 권리는 반으로 나누고 의무는 두 배로 한다면 가능하다고 봅니다.
ㄴ,

나의 댓글

부부 금슬의 마법

여기 마법이 있다

마사지 오일 한 스푼
비빔밥에 참기름 얹듯 발라

주무르고 누르고 비비고
주무르고 누르고 비비고
아내의 발을
남편의 발을
하루에 딱 10분만

주무르고 누르고 비비고
주무르고 누르고 비비고

부부금슬琴瑟의 마법이 피어난다
담장 너머 고개를 내민 장미꽃처럼

SNS댓글덧글

∟ 부부금슬의 마법이라. 저두 도전해 보고 싶네요. 마법에서 깨어나지 않음 좋겠어요. 호호~~

∟ 부부십계명에 하나 추가해야겠군요.

∟ 부부금슬 좋아지려면 인천 을왕리 용유도 해수욕장에 있는 선녀바위를 찾으세요.

∟
나의 댓글

그리움은

그리움은 빗물
소리없이 찾아와 가슴을 적신다

그리움은 바람
한 번 불어오면 걷잡을 수 없다

그리움은 눈물
아무리 참으려 해도 흘러내린다

그리움은 갈증
온몸이 바짝바짝 타들어 간다

그리움은 허기
보고픔에 주려 쓰러질까 두렵다

그리움이여
그리움이여

SNS댓글덧글

ㄴ 그리움은 누구에게도 들키고 싶지 않다.

ㄴ 들키고 싶지 않은 그리움. 그래서 속곳과도 같은 것.

ㄴ 사랑은 표현하지 않으면 환상이고, 슬퍼도 울 수 없는 고통이며, 만남이 없는 그리움은 외로움일 뿐
이다. - 정유찬의 〈살아있는 날엔〉에서

ㄴ
나의 댓글

가버린 사랑

누구에게나 뜨거운 여름이 오듯이
누구나 불타는 사랑도 온다

누구에게나 가슴 시린 가을이 있듯이
누구나 가버린 사랑도 있다

가버린 사랑이 그리운 건
실존의 부재에 대한 본능적 집착
혹은 미화美化를 좇는 생각의 사치

그러나 문제는
가버린 사랑이 아닌
오는 사랑

SNS댓글덧글

└, 그래도 오늘처럼 비가 내리는 날이면 열병을 남기고 떠난 그 사람이 생각나네요 ~호호
└, 덕수궁 돌담길, 인사동 뒷골목, 명동 세시봉, 남산 계단길… 아! 가버린 내 사랑~~
└,
나의 댓글

이별 요령

이별을 해야 한다면

시간을 낭비하지 마라
과장된 슬픔에 잠기지 마라
당분간은 힘들겠지만 견뎌내라
떠난 사랑보다 오는 사랑을 탐하라

이별하면서 버려야 할 것들

사랑을 나눴던 기억
친구로라도 남고픈 욕심
날 기억해 주길 바라는 마음
다시 돌아올지 모른다는 착각

SNS댓글덧글

ㄴ 슬퍼요~ 사랑을 나눴던 기억마저 버려야 한다면…

ㄴ 떠난 사랑을 잊는 가장 빠른 방법은 가급적 빨리 오는 사랑을 만나야 합니다. 문제는 그게 말처럼 쉽지 않다는 것 ㅠㅠ

ㄴ 떠났네 훨훨. 밤에서 별을, 낮에서 해를 가져갔네. 떠났네, 이제 내 마음에는 구름만이 남았네 ~~

ㄴ
┌───┐
│   │
│   나의 댓글 │
└───┘

아내에게 사랑받고 싶거든

"당신 음식 솜씨는 최고야"
"사위 사랑은 역시 장모야"
"애들이 당신 닮길 잘했어"
"당신은 웃는 모습이 참 이뻐"
"난 마누라 복은 타고났나 봐"
"당신은 내 인생 최고의 선택이야"
…

아내에게 사랑받고 싶거든
입술과 친해져야 할 말들

종종 금성에서 온 여자 같지만
이내 지구의 여자로 돌아온다

SNS댓글덧글

ㄴ 요즘 아내 마음에 들려면 가급적 저녁밥은 밖에서 먹고 들어가기 ㅠㅠ 쓸쓸하지만 인정할 수밖에
   없는 현실 OTL

ㄴ "당신만을 사랑해"… 이 말이 최고가 아닐까요 ㅎ훗~

ㄴ
   나의 댓글

사랑6

슬픈 사랑은
고백조차 못 해본 사랑

아픈 사랑은
남에게 빼앗겨버린 사랑

잊지 못할 사랑은
이루지 못한 첫사랑

절절한 사랑은
보고 있어도 보고 싶은 사람

영원한 사랑은
백년해로하다 함께 죽는 것

고마운 사랑은
다시 태어나도 사랑하겠다는 사람

SNS댓글덧글

ㄴ 영원한 사랑이 누구에게나 로망이 될까요? 한 사람만을 평생 사랑하는 것… 때론 너무 가혹하다는
  생각이 드는 건 저 혼자만의 생각일까요??

ㄴ 위의 여섯 가지 사랑 중 전 3개 해봤어요 ㅎㅎ 나머지 사랑은 글쎄 죽을 때까지 가능하려나…

ㄴ

나의 댓글

사랑7

사랑의 시작은
무얼 줘도 아깝지 않고
무얼 받아도 기분 좋다

사랑이 한창일 때는
혼자 있어도 외롭지 않고
세상에 단둘만 있어도 좋다

사랑이 식으면
추억마저도 떠올리기 싫고
곁에 있어도 남처럼 느껴진다

사랑의 종말은
굵고 짧을수록 좋지만
가늘고 길게 가는 경우가 많다

SNS댓글덧글

∟ 사랑의 종말이 가늘고 길게 가는 이유? 그놈의 정과 미련 때문!
∟ 사랑이 뜨거울 땐 결코 식지 않을 것이라 생각하지요. 하지만 사랑이 너무 뜨거우면 금세 사고(?)가
    나기 마련 아닌가요?
∟ 사랑은 소유하려 할 때 금이 가기 시작한다! 방금 떠오른 말^0^
∟ ┌───┐
    │   │
    │   나의 댓글 │
    └───┘

남자 VS 여자10

모자라면 흠
여자의 애교
남자의 용기

넘쳐도 문제
여자의 허영심
남자의 자존심

속지말 것
남자는 여자의 눈물
여자는 남자의 허풍

끌리는 것
남자는 여자의 외모
여자는 남자의 평판

질색인 것
여자는 남자의 '무데뽀'
남자는 여자의 '무개념'

SNS댓글덧글

ㄴ 질색인 것 하나 추가합니다. 여자의 결벽증, 남자의 더럽증(?)~

ㄴ 남여 모두 경계해야 할 것. 의처증 의부증!!

ㄴ
┌───┐
│   │
│   │
│   나의 댓글 │
└───┘

남자 VS 여자11

먼저 원한다
남자는 스킨십을
여자는 사랑 고백을

마음이 끌린다
남자는 튕기는 여자에게
여자는 잘 해주는 남자에게

소개하지 않는다
여자는 자기보다 예쁜 여자를절대
남자는 자기보다 못난 남자를대개

거짓이어도 기분 좋다
여자는 이쁘다는 말이
남자는 잘한다는 칭찬이

SNS댓글덧글

ㄴ 여자가 자기보다 예쁜 여자를 남친 앞에 데리고 나오지 않는 이유는 질투때문이리라~~

ㄴ 요즘엔 여자도 먼저 스킨십을 원하지요. 얼마 전 남친에게 강제로 키스하다 혀가 짤린 여자가 뉴스
　에 나왔어요 ㅎㅎ ㅠㅠ

ㄴ

나의 댓글

남자 VS 여자12

여자는 사랑의 목표에 집중하고
남자는 사랑의 수단에 치중한다

여자는 혼자 해도 될 일을 함께하려 하고
남자는 함께할 일을 혼자 하려 한다

여자는 남과 비교될 때 잘 삐지고
남자는 대접받지 못할 때 잘 삐진다

여자는 손만 잡아도 행복하지만
남자는 손만 잡으면 불만이 있다

SNS댓글덧글

ㄴ 남자는 손만 잡으면 불만이 많다 ㅋㅋ 왕공감!!
ㄴ 남자들은 자신의 과거에 대해 뻥튀기하는 경우가 많지 않나요? ^^**
ㄴ 남자들도 나이 들어 힘이 떨어지면 손만 잡아줘도 감지덕지합니다 ㅎㅎ헷~~
ㄴ

나의 댓글

남자 VS 여자13

실패가 많다
여자가 시작한 사랑은
남자가 피하는 사랑은

버리기도 한다
여자는 애인 때문에 친구를
남자는 야망 때문에 여자를

눈물을 흘린다
여자는 기쁨에 겨워절반은
남자는 슬픔에 빠져거의

숨기려 한다
여자는 자신의 과거를
남자는 자신의 약점을

SNS댓글덧글

ㄴ 여자는 뭔가를 얻기 위해 남자는 뭔가를 얻지 못해… 눈물을 흘리기도 하지요.

ㄴ 여자의 눈물은 그냥 눈물이 많지만, 남자의 눈물은 피눈물일 때가 많지요 -OTL

ㄴ
┌───┐
│   │
│   나의 댓글 │
└───┘

남자 VS 여자14

최선을 다한다
남자는 '내 여자'가 될 때까지
여자는 '내 남자'가 되면

잘 잊지 못한다
여자는 상처 준 남자를
남자는 잘해준 여자를

사랑한다는 말에
여자는 마음이 흥분되고
남자는 몸이 뜨거워진다

사랑에 실패하면
여자는 눈물을 흘리고
남자는 눈물을 삼킨다

SNS댓글덧글

ㄴ 사랑한다는 말에 남자들은 왜 몸부터 뜨거워질까요?

ㄴ 남자는 사랑을 소유의 관점에서, 여자는 유지의 관점에서 보기에 차이가 날 수밖에…

ㄴ
> 나의 댓글

사랑하기 좋은 날

살포시 내려앉은 햇살이
어깨를 포근히 감싸 안을 때

살랑살랑 고운 봄바람이
가슴을 비집고 들어올 때

눈이 시리게 파란 하늘이
그리움 한 방울 떨어뜨릴 때

눈을 감아도 떠오를 때
거울 속 내가 멋져 보일 때
내 마음을 뺏겨도 좋을 때

일어나라
다가가라
그리고 사랑하라

SNS댓글덧글

ㄴ 사랑하기 좋은 날! 비가 내리는 토요일 오후 아무 할 일이 없을 때 ㅎㅎ

ㄴ 사랑하기 좋은 때란 따로 없다. 그냥 지금이다. 지금 함께 있으면 그게 사랑이다!!

ㄴ 사랑하기 좋은 날보다 필요한 게 사랑하기 좋은 사람이 아닐까유~~

ㄴ ┌──┐
   │   │
   │   나의 댓글 │
   └──┘

자연과 인생의
순리 안에서

아침 예찬

어둠을 물리치고 빛으로 오신 이
눈을 뜨면 익숙한 것들의 편안함
공기는 달달하고 햇살은 따사롭다

세상 모든 역사의 시작
날마다 주어지는 백짓장 선물
오늘은 또 어떤 그림을 그릴까

일어나라 아침이여!
고뇌도 시험도 번잡도 다 필요 없다
새 날엔 새 날의 역사가 있을 뿐이다

SNS댓글덧글

ㄴ 날마다 백짓장 선물을 받는 줄 몰랐네요 ㅠ. 오늘부터라도 멋진 그림을 그려야겠다는 생각이 드네요. 호호~

ㄴ 아침은 평화 아침은 고요 아침은 다짐 아침은 희망 아침은 용기 아침은 설레임 아침은 자신감 아침은 신발끈 아침은 추스림 아침은… 예찬할 수밖에 없는 아침!

ㄴ 아침이 있다는 건 얼마나 다행인지 모릅니다. 아침이 없다면 어젯밤에 모두 죽었겠지요.

ㄴ ┌───┐
   │   │
   │   나의 댓글 │
   └───┘

봄이 오면

봄이 오면
호밋자루 던져버리고
매화꽃 향기 쫓아가리다

봄이 오면
아지랑이 강 건너 산 넘듯
온 산하 벗 삼아 주유周遊하리다

봄이 오면
물오른 가지마다 새순 돋듯
호기심의 기지개 한껏 펴리다

봄이 오면
겨우내 애지중지 키워온 연심戀心
진달래 각혈하듯 붉게 피우리다

SNS댓글덧글

ㄴ 붉은 연심 피울 대상이 있다면 봄이 서둘러 와야겠지요 ㅎㅎ

ㄴ 봄은 새봄이라고 하는데, 여름 가을 겨울은 왜 '새'가 안 붙는지?

ㄴ 또한, 봄이 오면 연둣빛 그리움이 피어나지요. 새록새록~~

ㄴ

나의 댓글

아이처럼 어린아이처럼

심심해하지 않는다
규칙대로 따르지 않는다
자신만의 세계를 만든다
아이들은

계산하지 않는다
있는 그대로 보여준다
삶 자체가 유희다
어린아이들은

니체*도 거든다
"어린아이는 스스로 돌아가는 수레바퀴, 신성한 긍정이다"

세상살이가 힘들게 느껴지는가
아이들을 보라

＊ 니체Nietzsche, 19세기 독일 철학자

SNS댓글덧글

└ 아이들은 고민도 시름도 불안도 없어요. 배만 부르면요~~

└ 스스로 돌아가지 못한 수레바퀴이기에 세상살이가 이처럼 힘들게 느껴지는 건가요? 왜 아이들은
스스로 돌아가는데 어른들은 스스로 돌아가지 못할까요?

└ ┌───┐
  │   │
  │   나의 댓글   │
  └───┘

여름은 노래다

살랑살랑 바람소리
짹짹거리는 새소리
앵앵거리는 벌레소리
후두두둑 비오는 소리
재잘거리는 아이들 소리
가지마다 열매 익어가는 소리…

여름은 온갖 소리가 난다
귀를 열지 않아도 들려온다
맑고 자유롭고 경쾌하고 감미롭다

"여름에는 노래가 절로 나올 수밖에"*

* 윌리엄 칼로스 윌리엄스 William Carlos Williams

SNS댓글덧글

└, 여름에는 모든 소리가 다 노래로 들리지요. 단 하나 모기소리만 빼구요～ㅎ

└, 여름엔 뭐니 뭐니 해도 시원한 계곡물 소리가 최고죠. 그야말로 맑고 자유롭고 경쾌하고 감미롭고
　　～～

└, 가지마다 열매 익어가는 소리! 들리시나요?? 정말!!

└,
　　　　　　　　　　　　　　　　　　　　　　　　　　　　　　　　　　　　　　　나의 댓글

꽃처럼 바람처럼

세상을 아름답게 살려면
꽃처럼 살라

세상을 힘들지 않게 살려면
바람처럼 살라

꽃은 누구에게나 향기롭고
바람은 어디에나 달려간다

꽃은 정성을 다해 피어나고
낙화를 두려워하지 않는다

바람은 막히면 돌아가고
산이 높다고 탓하지 않는다

꽃처럼 바람처럼 살라

SNS댓글덧글

ㄴ 꽃처럼 바람처럼 살다 가고 싶지만, 세상이 가만 놔두지 않네요. 잡초처럼 폭풍처럼 살게 만드는 세상!!

ㄴ 저는 불꽃처럼 살다 죽고 싶어요. 뜨겁게 뜨겁게~~ 치열한 고독 속에 불꽃처럼 살다 간 영혼, 수필가 전혜린처럼요.

ㄴ 바람은 심술이 많아요. 꽃은 떨어질 때 추하고 - - 그래도 바람처럼 꽃처럼 살아야 하나요ㅠㅠ

ㄴ ┌───┐
   │   │
   │   나의 댓글 │
   └───┘

스물다섯 살에

스물다섯 살에 난
인생의 시계가 멈추길 바랐다

스물다섯 살에 난
욕망의 해방구를 찾아 하늘 끝까지 올라갔다

스물다섯 살에 난
이상의 퍼즐 조각을 꿰기 위해 고독마저 흠모했다

스물다섯 살에 난
무릎을 탁 치는 깨달음을 얻기보다
발길에 채이는 돌멩이의 존재에 고민했다

SNS댓글덧글

ㄴ 인생의 최고 황금기가 스무살 시절이리. 그 황금기에 난 뭘 고민하고 무엇에 열정을 쏟았는지… 다
시 돌아갈 수 있으면 진짜 황금처럼 보낼 수 있으련만 ~OTL

ㄴ 스물다섯 살에 이태원 갔다가 그녀를 만났는데 마흔여섯 살인 지금까지 그녀가 내 곁에 있다. 내게
스물다섯 살은 분명 행운이다.

ㄴ 하늘 끝까지 올라가서 욕망의 해방구를 찾으셨나요?? 근데 하늘에는 어떻게 올라가셨어요 zz?

ㄴ
```
                                                            나의 댓글
```

사랑보다 강한

웬만해선 시험하려 들지 않고
싫은 걸 해달라 보채지도 않고

아프고 슬플 땐 부리나케 달려오고
모자라고 비겁해도 화내지 않고

사랑이 떠나간 빈자리에도
굳건히 그 자리를 지켜주고

그 어떤 무엇보다
달콤하고 향기로운
때론 사랑보다 강한
– 친구 그리고 우정

SNS댓글덧글

ㄴ 우정은 슬픔은 반으로 나누고 기쁨은 두 배로 키워주는 마법을 부리지요 ^^*

ㄴ 친구와 포도주는 오래될수록 좋다고 합니다. 오래 묵은 포도주에서 풍기는 깊고 그윽한 향기. 오늘
　따라 그 향기가 그립습니다~~**

ㄴ
　나의 댓글

친구란

나를 비춰주는 거울
점퍼 뒤에 달린 모자
친구는 그런 존재

낙엽따라 가버린 사랑에 슬퍼해도
살아가야 할 이유를 알게 해주는
친구는 그런 사람

때론 연인이 없는 것보다
친구가 없는 세상이 더 삭막

부모와 자식은 떠날 수 있지만
친구는 떠나지 않는다
진정한 친구는

SNS댓글덧글

ㄴ 친구가 없는 세상이 연인이 없는 것보다 더 삭막~ 절반의 공감입니다.

ㄴ 내 친구는 나에게 연인이 돼달라는데, 이건 위험한 꿍꿍이(?)가 아닌가요 zz.

ㄴ 그래서 친구란 두 개의 몸에 깃든 하나의 영혼이라고 하는가 봅니다.

ㄴ 나는 생각합니다. 나는 어떤 사람에게 그런 친구인가?

ㄴ
```
                                                                    나의 댓글
```

가을이 오면

파란 하늘을 날고 싶다
햇살 좋은 날 떠나고 싶다
가버린 사랑을 만나고 싶다
가을비 우산 속에 머물고 싶다
바람에 흔들리는 갈대이고 싶다
촉촉한 입술에 젖는 찻잔이고 싶다
그리운 그 사람 이름을 불러보고 싶다

가을이 오면
은밀한 욕망들이 발동한다
두더지 고개를 내밀 듯

SNS댓글덧글

ㄴ 그래서 가을은 동경의 계절인가 봅니다. 소멸하는 모든 것은 그리움을 남기기에…

ㄴ 가을은 누구나 한 번쯤 철학자가 되고 사상가가 되게 한다고 하는데 님께서는 욕망가!?

ㄴ 가을은 세상에 영원한 것이 없다는 것을 알려주기에 잠자고 있던 욕망들이 꿈틀대는 건 아닌지
    ~~

ㄴ 큰일났네요~~ 가을바람 든 거 아녜요?

ㄴ ┌───┐
    │   │
    │   나의 댓글 │
    └───┘

자식이란

씨를 뿌려
싹을 틔우고
잎과 줄기를 키워
꽃을 피우고
열매 맺는 걸 보는 것
세상에 이토록 아름다운 즐거움이 또 있을까
자식이란 그런 존재

아무리 차고 넘치는 사랑을 주어도 아깝지 않지만
때론 원수가 되고
때론 무자식 상팔자가 그리운

자식은
죽을 때까지
애증의 동반자

SNS댓글덧글

ㄴ 잘난 자식은 사돈의 자식, 더 잘난 자식은 나라의 자식이 됩니다. 못난 자식이 부모곁을 지키는 세
  상… 울어야 할지 웃어야 할지?

ㄴ 공감 백배. 제가 아는 분의 장남이 미국으로 유학 가 공부하더니 거기서 눌러앉아 지금은 몇 년에
  한 번 올까 말까 합니다. 그런데 그분의 막내아들은 대학도 못 갔는데 지금 시골에서 부모님 모시며
  살고 있어요.

ㄴ
```
                                                                    나의 댓글
```

집 떠난 자식을 그리며

낳을 땐 몰랐다
아프면 가슴 아리고
웃음 줄 때 그게 행복인 줄

키울 땐 몰랐다
건강하게만 자라다오 하다
남보다 출세를 바라게 될 줄

군대 갈 땐 몰랐다
얻어맞고 지내지 않나
뉴스 볼 때마다 가슴 철렁할 줄

함께 살 땐 미처 몰랐다
텅 빈 네 방을 볼 때마다
보고픔이 이토록 절절할 줄

SNS댓글덧글

ㄴ 자식은 가슴으로 키우는 것 같아요. 언제 어느 때나 잊을 수 없으니…

ㄴ 부모에게 자식이란 세상 그 무엇과도 비교할 수도 바꿀 수도 없는 존재. 그냥 아무 이유나 조건 없이 사랑하고 베풀어야 하는 존재.

ㄴ 아들이 군대가 있을 땐 무척 보고 싶더니, 장가간 후에는 왠지 남의 자식 같다는 느낌이 듭니다. 저 혼자만의 감정인가요 ㅜㅜ

ㄴ
```
┌─────────────────────────────────────────┐
│                                         │
│                                         │
│                              나의 댓글   │
└─────────────────────────────────────────┘
```

길을 걸으며

길을 걸으며
길에게 묻는다

길은 어떻게 해서 생겨났는가
인생길이란 왜 이리 고단한가
길이 끝나는 곳에 낙원은 있는가

길을 걸으며
길에게 듣는다

"필요 없는 길은 만들어지지 않으며
굴곡 없는 길은 길이라 할 수 없으며
목적지에 닿지 않는 길이란 없다"

SNS댓글덧글

ㄴ, 길을 걸으며 길과 대화를 나눌 정도면 길 위의 선비, 즉 道士가 아닌가요?

ㄴ, 꿈속에서도 걷고 싶은 길 추천합니다. 퇴계 이황이 걸었던 봉화 청량산에서 도산서원에 이르는 퇴계 오솔길. 대선비의 절개와 기상이 멋진 경치와 함께 바람에 묻어나듯 느껴집니다.

ㄴ, "길이 아니면 가지를 말고, 길이 없으면 만들어 가고, 길이 끊기면 돌아가라"ㅋㅋ~

ㄴ,
나의 댓글

가장 따뜻한 말

비가 내려도
바람이 불어와도
눈보라가 휘몰아쳐도
두려울 게 없다

일이 꼬여도
사는 게 팍팍해도
누군가가 힘들게 해도
별로 걱정할 게 없다

언제나 내 편이 돼주고
어떠한 잘못도 덮어주고
한없는 사랑으로 감싸주는
ㅇㅇ이 있다면

세상에서 가장 따뜻한 그 말
– 가족

SNS댓글덧글

ㄴ 가장 따뜻한 말 드디어 찾았네요. 오늘 저녁 가족과 함께 외식이라도 해야겠어요ㅋㅋ

ㄴ 가족과 가정. 가장 소중히 여겨야 할 대상이지요. 모든 행복의 시작이니까요.♥♥

ㄴ
> 나의 댓글

너무 가까이 있기에

너무 가까이 있기에
너무 익숙하기에
너무 흔하기에
잊고 사는지 모른다

가까이 있는 가족, 친구, 동료…
익숙한 제때 오는 전철, 고장 없는 신호등, 빠른 인터넷…
흔한 먹거리, TV 채널, 이쁜 옷들…

멀리 있고 문제를 일으키고 줄어든다면……

가끔 생각해 본다
그 모든 것들의
소중한 필요를

SNS댓글덧글

ㄴ 지난주 필리핀에 며칠 머물다 왔는데 느려터진 인터넷 때문에 속터지는 줄 알았습니다. 대한민국
인터넷이 이처럼 빠르다는 것에 새삼 감사감사~~

ㄴ 가까이하기에 너무 먼 당신. 애들과 함께 호주에 가 있는 당신. 전화해야겠네요. "내게 너무 소중하
고 중요한 당신. 사랑해" ♡♡

ㄴ
```



                                                                          나의 댓글
```

비가 오면

비가 오면
부침개가 먹고 싶다
달달한 동동주 함께
빗줄기 바라보며

비가 오면
누군가 만나고 싶다
아무라도 상관없다
날 울리고 간 그녀라도

비가 오면
첫사랑이 생각난다
그 곳에도 비가 내릴까
추억이 가슴을 적신다

비가 오면
비를 맞고 싶다
발가벗고 맞고 싶다
평생 한 번은

SNS댓글덧글

ㄴ 비가 오면 발가벗고 비를 맞고 싶다 ㅎ 저두 그러고 싶어용~~ 굿 아이디어! 굿 시추에이션!!

ㄴ 이렇게 비가 오는 날이면 더욱더 그대에게 가고 싶습니다. 내 마음을 적시는 빗소리 온몸으로 느껴
   지는 그대의 빗물 같은 그리움, 그리움이 강물 되어 흘러갑니다.

ㄴ 비가 내리면 먼저 전화 걸어주시고, 비가 내리면 제 빈 가슴 채워주시고, 비가 내리면 저를 홀로 두
   지 마시고, 비가 내리면 어떤 고백도 받아주세요.

ㄴ
┌ - ┐
│   │
│   나의 댓글   │
└ - ┘

눈이 내리면

유년 시절엔
눈물이 날만큼 좋았다
눈사람 친구도 생기고

스물하나 청년땐
눈과 함께 오기를 간절히 바랬다
눈꽃보다 아름다운 사랑

마흔 너머 어느 겨울날
눈발 사이로 옛사랑이 떠올랐다
아련한 추억 휘날리며

흰머리가 눈처럼 돋는 이즈음엔
그저 창밖만 바라본다
망연히

SNS댓글덧글

ㄴ 눈 내리는 밤이면 내가 미치는 이유. 맨발로 눈길을 걷고 싶기 때문 ㅋㅋ
ㄴ 눈발 사이로 떠오른 옛사랑 어떤 모습일지 궁금합니다.
ㄴ 강원도에 사는 어떤 분이 겨울에 눈이 하도 많이 와서 눈을 눈이 아니라 똥이라고 말했던 인터뷰가
   생각나네요 헐~~
ㄴ
   ┌───┐
   │   │
   │   나의 댓글 │
   └───┘

병病에 걸리거든

가난하거나 부유하거나
권세가 있거나 없거나
누구에게나 찾아오는 병

희로애락의 인생길에서
피할 수도 달아날 수도 없이
언젠가는 만나게 되는 병

그대 병에 걸리거든
몸은 의사에게 맡기고
목숨은 하늘에 맡기라

마음만은 스스로 다스리는 것

SNS댓글덧글

ㄴ '병이 있어야 오래 살 수 있다'. 부족한 것에 대한 준비와 대응 때문에~~

ㄴ 사람은 본디 '직접' 그리고 '지금' 겪지 않으면 학습하지 못하는 어리석은 존재. 병도 걸리고 난 뒤에
  후회하게 되는 것. 그게 진짜 병일지도!

ㄴ 병이 오는 건 결핍이거나 과잉 때문. 그래서 먹는 거나 움직이는 것도 중용이 상책!!

ㄴ ┌───┐
  │   │
  │   나의 댓글 │
  └───┘

늙어가면서

늙어도 넘치면 타락하고
늙어도 없으면 초라하다

곱게 늙지 못하면 구린내가
곱게 늙으면 향기가 솔솔

노년에 명예를 얻으면 덤
노년에 명예를 잃으면 꽝

늙으면 하찮은 일에 상처를
늙으면 사소한 것에도 감동을

늙어 주색을 탐하면 패가망신
늙어 지혜를 발하면 금상첨화

SNS댓글덧글

└ 늙으면 어린아이가 된다고 합니다. 울 할배도 사소한 것에 삐지다가 금세 좋아지곤 합니다~~ 조
  울증은 아닌지 ㅋㅋ
└ 늙어 주색을 탐할 정도면 대단한 체력과 재력을 겸비해야만 가능!! 그 나름 성공한 인생을 사는 것
  은 아닌지?
└ 늙으면 제발 주책 부리지 말고 삽시다. 대신 주관은 잊지 말구요^^@
└ ┌───┐
  │   │
  │   나의 댓글   │
  └───┘

젊게 늙고 싶거든

젊게 늙고 싶거든

의심과 근심과 욕심을 버리고
가능한 동심으로 돌아가라
동심은 동안을 만든다

고집과 아집과 편집偏執을 멀리하고
가능한 내 집을 소중히 하라
내 집은 행복의 시작이다

밥과 술과 말을 줄이고
가능한 몸을 많이 움직여라
몸이 부지런해야 건강하다

SNS댓글덧글

ㄴ 나이 먹을수록 기가 입으로 올라와 말을 줄이기가 어렵다고 하는데…

ㄴ 행복의 시작인 내집을 소중히 해야 하는 건, 젊어서나 늙어서나 마찬가지가 아닌가요~~

ㄴ 동심으로 돌아가는 방법의 첫째는 호기심이 아닐까. 죽을 때까지 잃지 말아야 할 게 호기심이 아닐까.

ㄴ

> 나의 댓글

죽음에 대하여

자연스럽다는 건
흐르는 물이요 부는 바람

죽음은 자연스러운 것
바람처럼 물처럼 살다
자연으로 돌아가는 것

막는다고 멈추지 아니하고
쫓는다고 달아나지 않는
자연은 그런 것
죽음도 그런 것

죽음 앞에선
한탄할 그 무엇도
서러워할 그 무엇도
바람처럼 물처럼 보내는 것

SNS댓글덧글

└ 바람처럼 물처럼 보낼 수 없는 죽음은 어떻게 받아들여야 합니까? 세상에 억울한 죽음이 넘 많아서 하는 말입니다.

└ 죽음 앞에선 무념무상이 정답이 아닐까 생각이 드네요.

└ 죽음에 대한 이해처럼 심오한 궁금증은 없을 겁니다. 태어난 건 누구에게나 축복일 수 있지만 죽음은 어떤 귀결로도 다 풀어낼 수 없기 때문이라 여겨집니다.

└
```

                                                                        나의 댓글
```

죽을 때 후회하지 않으려면

죽을 때 후회하는 것들

조금 더 겸손했더라면
진짜 하고 싶은 일을 했더라면
만나고 싶은 사람을 만났더라면
꿈을 이루기 위해 더 노력했더라면
가고 싶은 여행을 떠났더라면
기억에 남는 연애를 했더라면…*

죽을 때 후회하지 않으려면
후회할 것들— 열심히 하라

지금부터라도

* 오츠 슈이치 일본 호스피스 전문의 『죽을 때 후회하는 스물다섯 가지』 중.

SNS댓글덧글

└, 죽을 때 껄껄껄 하지 맙시다. 좀 더 사랑할껄 좀 더 즐길껄 좀 더 베풀껄…

└, 지금부터 열심히 하면 정말 죽을 때 후회하지 않을까요.

└, 후회하지 않는 인생, 후회하지 않는 죽음은 누구나 꿈꾸는 것. 하지만 후회라는 단어가 사라지지 않
　는 한 후회 없이 사는 것은 불가능하지 않나요??

└, ┌───┐
　 │   │
　 │   나의 댓글 │
　 └───┘

내 나이가 어때서

한적한 시골 마을의 노인회관
흥겨운 노랫가락이 흘러나온다

평균나이 80세가 넘는 할머니들
옹기종기 앉아 신나게 노래한다

깊게 패인 주름살 숨길 수 없지만
한껏 웃는 모습 또한 숨길 수 없다

그들은 노래한다
"세월아 비켜라 내 나이가 어때서~♬
사랑하기 딱 좋은 나인데~♬"

SNS댓글덧글

∟ 인생 자체가 사랑이기에. 나이를 떠나서 사랑을 하지 않는다면 인생은 아무 의미가 없는 것.

∟ 사랑엔 때도 시효도 없다. 지금이 바로 그 때. 사랑하기 딱 좋은 때!

∟ 그래서 남자들은 죽을 때까지 문지방 넘을 힘만 있으면 여자를 찾는가요?

∟

나의 댓글

말과 해석 사이

머리와 가슴

머리는 쓰는 것 가슴은 품는 것

머리는 차가워야 가슴은 따뜻해야

머리는 이성에 가슴은 감성에 가깝고

머리는 충고에 강하고 가슴은 눈물에 약하고

머리는 헤아리길 가슴은 아우르길 좋아하고…

가깝고도 먼 머리와 가슴
때론 가깝고 때론 멀어야 하는
머리와 가슴

SNS댓글덧글

ㄴ 대개 남자들은 머리로 살고 여자들은 가슴으로 살려고 하는 것 같아요. 그래서 갈등이 일어날 수밖에 없는 건 아닌지??

ㄴ 머리는 결과를 가슴은 과정을⑺

ㄴ 머리 쓰기를 좋아하는 사람은 머리털 빠지고 가슴 쓰기를 좋아하는 사람은 가슴이 부풀어 오르지요 ㅋㅋ

ㄴ
┌───┐
│   │
│   나의 댓글 │
└───┘

결혼과 비혼

결혼은
다른 이성에게 어떤 환상도 품어선 안 되는 것
타인에 대한 연애 감정은 감옥에 처박아 둬야 하는 것

비혼은
마냥 자유다
넓고 거친 이 세상에 혼자라는 먹먹함으로 뼛속까지 저리는 고독이
종종 따르지만

결혼은
할 수 있는 하나의 선택일 뿐

비혼은
선택하지 않은 현실일 뿐

SNS댓글덧글

ㄴ 선택하지 않은 현실이 고달프지 않다면 비혼도 나쁘지 않다는 생각입니다.

ㄴ 단 한 사람을 위해 모든 것을 포기해야 하는 게 결혼. 단 한 사람이 모든 것을 채워줄 수 있다면 결혼하겠지만…

ㄴ 새장 밖의 새는 그 안으로 들어가고 싶어 하고, 새장 안의 새는 새장 밖으로 나오고 싶어한다. 결혼도 그런 것!!

ㄴ
> 나의 댓글

발명보다 발견

발명은 없는 걸 만들지만
발견은 있는 걸 찾아낸다

발명은 시간이 많이 걸리지만
발견은 아무 때나 가능하다

발명은 머리에 쥐가 나지만
발견은 머리가 확 깬다

발명은 아무나 할 수 없지만
발견은 누구나 할 수 있다

발명은 실패가 많지만
발견은 발명보다 실패가 적다

SNS댓글덧글

↳ 발명보다 발견이 위대한 대표적인 사례는 콜럼버스가 아메리카 신대륙을 발견한 것 ㅎㅎ

↳ 발명은 머리로 하는 것이고 발견은 눈으로 하는 것이기에 발명이 발견보다 더 평가받아야 하지 않
을까요?

↳ 인생에 있어서 중요한 발견은 실패로부터 배우는 것!!

↳ ┌───┐
  │   │
  │   나의 댓글 │
  └───┘

지도보다는 지형

지도는 평면이지만
지형은 입체적이다

지도는 눈으로 보지만
지형은 생각으로 본다

지도는 방위를 알 수 있지만
지형은 좌표까지 알 수 있다

지도는 전략이 가능하지만
지형은 전술까지 가능하다

지도는 보는 대로 사는 것
지형은 생각하며 사는 것

지도보다는 지형이다

SNS댓글덧글

ㄴ 절묘한 비유에 공감! 지도를 보면서 지형을 볼 줄 아는 눈을 길러야겠다는 생각이 드네요^^

ㄴ 지도와 지형 다 안 봐도 돼요. 요즘은 네비가 다 가르쳐주니까요!!^^

ㄴ
나의 댓글

바보와 현자의 차이

바보는 결심을 하고
현자는 실천을 한다

바보는 장애물을 보고
현자는 목표물을 본다

바보는 방랑을 하고
현자는 여행을 한다

바보는 하늘을 보고
현자는 우주를 본다

바보는 빨리 가려 하고
현자는 멀리 가려 한다

바보는 사리에 집착하고
현자는 대의에 목숨 건다

SNS댓글덧글

ㄴ 간디도 말했어요. 바보는 완벽을 추구하고 현자는 배움을 추구한다고~

ㄴ 데이비드 바움 박사가 쓴 〈바보는 변했다고 하고 현자는 변하자고 한다〉라는 책도 생각납니다.

ㄴ 바보와 현자는 종이 한 장 차이이지만, 그 차이가 바보와 현자를 구분하는 건 아닌지?

ㄴ
나의 댓글

웃기지 말라고?

웃기지 말라고?
그럼 우길까

웃기는 소리 말라고?
그럼 우 기는 소리 할까

웃기면 웃지만
우기면 화난다

웃기면 웃고 넘어가지만
우기면 그냥 못 넘어간다

웃기는 건 쉽지 않지만
우기는 건 어렵지 않다

웃기다 보면 배꼽이 빠질 수 있지만
우기다 보면 싸움에 빠질 수 있다

웃겨라 우겨!

SNS댓글덧글

ㄴ 많이 웃으면 실없는 사람 되고 웃음이 없으면 외로운 사람 되고… 적절하게 웃어야지요.

ㄴ 웃다가 배꼽 빠졌다는 사람 본 적이 없는데… 그 말이 맞긴 하는 건가요?

ㄴ 우기면 싸움. 독도가 자기네 땅이라고 우기는 일본놈들, 진짜 싸움나는 거 아닙니까. 우기는 것 무서워요.**

ㄴ 정말 웃기는 글이네요. 웃겨줘서 고맙습니다. 이렇게 해서 한 번 더 웃네요 ㅋㅋ

ㄴ
```
                                                              나의 댓글
```

잃음과 잊음

잃어버리면 금세 흥분한다
강아지, 여권, 자전거, 모자…

잊어버려도 모른 채 산다
재미있는 농담하는 버릇
세상에 대한 호기심
신에 대한 믿음…

살아가면서 정작 중요한 건
잃어버린 것보다
잊어버린 것들인지 모른다

정녕 잊어선 안 될 일은
잊어버린 것이 없나 늘 살펴보는 것

SNS댓글댓글

↳ 젊음, 열정, 포부, 뚝심, 배포… 잃어버렸는지, 잊어버렸는지… 오데로 갔나요?

↳ 잊어선 안 되는 것도 많지만, 잊지 않으면 안 될~ 날 울리고 떠난 그 사람 ㅎㅎ

↳ 신에 대한 믿음도 잊어선 안 되는 건지 이제 알았습니다. 후우~

↳
┌───┐
│   │
│   나의 댓글 │
└───┘

우연이냐 필연이냐

나무에서 사과가 떨어졌다
헤어진 연인을 길에서 만났다
우연일까 필연일까

뜻하지 않은 행운은
우연이 가져다 준 선물이요
뜻하지 않은 불행은
필연이 저지른 당위(?)일지도

문제는
우연이냐 필연이냐가 아니다

중요한 건
필연적인 결과를 좋은 것으로 만들려는 노력

SNS댓글덧글

ㄴ 사실 이 세상은 우연도 필연도 아닙니다. 그건 우리 인간이 나누는 관점일 뿐입니다.

ㄴ 미시세계에서 일어난 우연이 거시세계의 필연을 만들어내는 것이다. 〈우연과 필연〉이라는 책에서
　　읽은 구절.

ㄴ 닭이 먼저냐 달걀이 먼저냐, 나비꿈을 꾸는 인간 장자인가, 나비가 인간이 된 장자의 꿈인가?

ㄴ 우연은 거부할 수 없는 비합리성에 근거하고 필연은 우연을 포함하는 합리성에 근거한다.

ㄴ
　　　　　　　　　　　　　　　　　　　　　　　　　　　　　　　　　　　나의 댓글

리더는 리더READER

세상은
아는 만큼 보이고
보이는 만큼 생각하고
생각하는 만큼 누린다

보고 생각하고 누리려면

사람의 마음을 읽고
세상의 흐름을 읽고
세계의 변화를 읽고
미래의 추이를 읽고…

잘 읽으려면 많이 읽어야READ 한다
고로 항상 리더READER가 되어라

그러면 리더LEADER가 되리라

SNS댓글덧글

ㄴ 책을 읽지 않고 돈은 벌 수 있어도 책을 읽지 않고 성공할 수는 없다 ~~ㅎㅎ

ㄴ 리더가 책을 읽지 않는 것은 직무유기!?

ㄴ 남아수독오거서男兒須讀五車書라고 했으니 다섯 수레의 책을 읽으면 모름지기 세상을 보는 눈이 훤히
트이리라~~

ㄴ ┌─────────────────────────────────────┐
   │   │
   │   나의 댓글 │
   └─────────────────────────────────────┘

소유냐 존재냐

담장에 핀 장미꽃
연애 시절의 그녀
존재 자체로서 아름답다

화병에 꽂아둔 장미
결혼해 함께 사는 아내
소유함으로 더 아름다운가

존재는 항상 안식을 주지만
소유는 종종 갈등을 낳는다

무소유는 불편할 뿐이지만
부존재는 슬프기까지 하다

소유보다 존재가
답쪽에 가까울 수도

SNS댓글덧글

└ 소유냐 존재냐의 갈등은 결국 명분이냐 실리냐의 싸움이 아닐까??

└ 불행의 싹은 소유의 집착에서 오고, 행복의 싹은 존재의 만족에서 온다. 방금 생각한 말입니다.

└ To have, or to be; that is the question!

└
나의 댓글

명분이냐 실리냐

인생은
명분과 실리의 끝없는 줄다리기

명분이란 이타적일 때
실리란 이기적일 때 얻어지는 것

명분은 거창하고 정의롭고
실리는 구차하고 좀스럽고

명분은 없고 실리만 취하면 공허
실리는 없고 명분만 얻으면 허당

무얼 택할까 고민하는가
선택 후 덜 후회할 걸 택하라

SNS댓글덧글

ㄴ 명분과 실리는 인생을 살면서 영원한 숙제이리… 오늘도 배부른 돼지가 되느냐 배고픈 철학자가
　되느냐 그게 고민이로다@@

ㄴ 명분과 실리 둘 다 잡으면 합리가 된다. 그런데 세상은 합리보다 불합리가 판치기에 둘 다 잡는 건
　거의 불가능하다^^

ㄴ 철학에서 명분과 실리의 관계는 대표적인 딜레마입니다. 대개 서로 대척점에 있기에…

ㄴ ┌--┐
　│   │
　│   나의 댓글 │
　└--┘

프로와 아마

프로는 행동이
아마는 말이 앞선다

프로는 불을 피우고
아마는 불을 쬔다

프로는 리더가 되고
아마는 리드당한다

프로는 우리를
아마는 나를 생각한다

프로는 시간을 내고
아마는 시간을 죽인다

프로는 필요를 채우고
아마는 필요를 만든다

SNS댓글덧글

ㄴ 프로는 승부를 즐기고 아마는 승부를 두려워합니다 ^^
ㄴ 프로에겐 포스와 아우라와 카리스마가 있습니다. 아마에겐 고민과 변명과 한숨만이 있습니다.
ㄴ
나의 댓글

생각과 상상

생각하면 존재하고
상상하면 진보한다

생각은 현재를 개선하고
상상은 미래를 개척한다

생각은 편견을 깨뜨리고
상상은 장벽을 뛰어넘는다

생각은 행동을 바꾸고
상상은 세상을 바꾼다

생각은 차이를 발견하고
상상은 경계를 넘나든다

고로 생각하고 상상을 더하라

SNS댓글덧글

ㄴ 생각은 아름답게 상상은 자유롭게~

ㄴ 인터넷이 나온 이후 지금은 검색의 시대가 됐습니다. 대신 유감스럽게도 우리는 생각과 상상을 잃어버리고 살고 있지 않나 생각됩니다.

ㄴ 생각은 현실의 문제를 해결하고, 상상은 미래의 과제를 풀어준다. 방금 떠오른 생각!

ㄴ

나의 댓글

말을 말라

한 마디 말로
천 냥 빚을 갚고
인생이 바뀌고
역사가 바뀌기에
말의 중요성에 대해 더 말을 말라

몸에 난 상처는 차츰 아물지만
말로 인해 입은 상처는
치매가 오지 않는 한
평생 갈 수 있기에
함부로 말을 말라

살면서 말아야 할 말
뼈 있는 말
가시돋친 말
말 같지 않은 말…
제발 말을 말라

SNS댓글덧글

ㄴ, 세상 모든 화禍의 뿌리는 세 치 혀에서 나온다고 합니다. 말이 그만큼 중요하다는 뜻~~

ㄴ, 말을 해야 할 때 침묵하는 것도 직무유기(?)라는 생각이 듭니다.

ㄴ, 말이 말을 낳고 말이 씨앗이 되어 뿌리를 내린다. 좋은 말은 좋은 싹을 틔워 좋은 열매를 맺는다.

ㄴ,
┌───┐
│   │
│   나의 댓글 │
└───┘

꽃은 침묵으로 피어나도

꽃은 침묵으로 피어나도 아름답고
밤은 침묵이 지배해도 죽지 않고
시는 침묵의 언어로 써도 매혹적이다

침묵은
입을 닫는 게 아니라 귀를 여는 것
침묵은
입이 아닌 가슴으로 이야기하는 것
침묵은
말의 내핍이 성찬보다 배가 부른 것

고로 침묵은
금언禁言이 아니라 금언金言이다

SNS댓글덧글

┗, 지혜로운 사람은 때가 오기까지 침묵을 지키나 어리석은 사람은 때를 분간하지 못하고 수다를 떤다.

┗, 침묵해도 들려오는 온갖 소음들. 이 소음들로부터 해방되는 게 진정한 침묵이려니. 소음에 중독된
   현대사회에서 진정한 침묵은 불가능한 건지 모른다. 귀를 막지 않는 한…

┗, 어디에서 읽은 글─말하는 자는 씨를 뿌리고 침묵하는 자는 거둬들인다~~

┗, 스페인 속담에 '듣고 보고 침묵하라. 그러지 아니하면 삶의 쓴맛을 보리라'라는 말이 있습니다.

┗,

   나의 댓글

입술에서 막아라1

"아마 안될걸"

"너무 늦은 거 아니야"

"괜히 헛심만 쓰고 말걸"

"이 나이에 무슨…"

"개천에서 용 나는 건 틀렸어"

"왜 내가 이걸 해야지"

"그런데 실패하면 어떡하나"

"어차피 안될 일을 왜 해"

"못 올라갈 나무 쳐다보지도 마라"

…

성공한 사람들이 쓰지 않는 말

입술에서 막아라

당신도 성공하고 싶다면

입술에서 막아라2

"못 살아"

"재미없어"

"너 때문이야"

"내가 미쳤지"

"아이고 죽겠네"

"될 대로 되라지"

"에이 재수 없어"

"해봐야 뻔하지"

"왜 되는 일이 없지"

"누구 좋은 일 하라구"

"세상은 너무 불공평해"

"나에게만 왜 이런 시련이"

…

행복한 사람들이 쓰지 않는 말

입술에서 막아라

당신도 행복해지고 싶다면

SNS댓글덧글

ㄴ 부정적인 단어는 불행한 사람들의 사전에만 실려 있답니다.

ㄴ "행복해 죽겠네"라는 말은 써야 하나요 말아야 하나요? ㅎㅎ

ㄴ 인생비타민을 읽을 수 있어 행복한 아침!!

ㄴ 행복한 사람들이 가장 많이 쓰는 말? "감사합니다"!!

ㄴ
```
┌─────────────────────────────────────┐
│                                     │
│                                     │
│                              나의 댓글 │
└─────────────────────────────────────┘
```

자주 써야 하는 말

"미안해"
상대방의 화를 가라앉힐 수 있기에

"당신이 최고야"
존재감을 쑥쑥 키워줄 수 있기에

"넌 할 수 있어"
작아지는 용기를 키울 수 있기에

"기도할게"
부적보다 큰 효과를 낼 수 있기에

"괜찮아 잘 될 거야"
다시 일어설 수 있는 힘을 주기에

"사랑해"
천번 만번 들어도 싫증 나지 않기에

SNS댓글덧글

ㄴ 자주 써야 하는 말 추가요. "내 나이가 어때서~~♬"

ㄴ 긍정적인 말, 희망을 주는 말, 힘이 되는 말을 많이 하세요. 입에는 권세가 있어서 말대로 이루어지기 때문이죠.

ㄴ 기도는 부적과는 비교할 수 없다고 생각합니다. 부적은 미신이고, 기도는 진실한 믿음이기에~~

ㄴ ┌─────────────────────────────────┐
   │   │
   │   나의 댓글 │
   └─────────────────────────────────┘

말하라! 말을

좋으면 좋다!
싫으면 싫다!
힘들면 힘들다!
괜찮으면 괜찮다!
고마우면 고맙다!
미안하면 미안하다!
사랑하면 사랑한다!

말을 하세요! 말을

말하지 않아도 알아줄 거라 생각하는 건
그저 착각일 뿐

말해야 할 때 말하지 않는 건
막차가 지나갈 때 손을 들지 않는 것

SNS댓글덧글

ㄴ 속시원히 할 말 하고 삽시다. 담아두면 열불 나서 더 더워요. 그러니 호탕하게 할 말 하고 삽시다.

ㄴ 말이 많으면 푼수, 말이 없으면 무뚝뚝. 말을 해야 알~~죠^^

ㄴ 힘들어도 힘들다 말하지 못하는 이 시대의 아버지들! 그저 오늘도 전쟁터와 같은 일터로 나갑니다.
    묵묵히――

ㄴ ┌──┐
    │   │
    │   │
    │   나의 댓글   │
    └──┘

말 속에 답이 있다

불평이 많은 사람은 '때문에'를
감사할 줄 아는 사람은 '덕분에'를

변명을 앞세우는 사람은 '때문에'를
족足함을 아는 사람은 '덕분에'를

'때문에'를 자주 말하는 이는
일이 꼬이기 십상이고
'덕분에'를 자주 말하는 이는
일이 풀리기 십상이다

일이 되느냐 안되느냐
말 속에 답이 있다

SNS댓글덧글

ㄴ 말을 어떻게 하느냐에 따라 일의 성패가 달려 있고, 운명의 향배가 달려 있다는 말씀!! 귀감입니다.

ㄴ "제가 행복한 건 모두 여러분의 덕분입니다" ㅋㅋ 오늘부터 외치고 다니렵니다 ^0^

ㄴ 긍정의 단어는 '덕분에', 부정의 단어는 ' 때문에'.

ㄴ 말은 부메랑이 되어 돌아온다고 하죠. 그러기에 내가 들어서도 좋은 말을 해야 합니다.

ㄴ
> 나의 댓글

인생,
뒤집어 보다

때론

때론 안 가본 길을 걷고
때론 침대 위치를 바꾸고
때론 혼자서 여행을 떠나고
때론 가족을 위해 요리를 하고
때론 악수 대신 포옹을 나누고
때론 안 먹던 음식에 도전하고
때론 새로운 체위로 바꿔보라

색다른 인생은 생각하기 나름
달콤한 인생은 실천하기 나름

SNS댓글덧글

ㄴ 남들과 똑같이 생각하면 거기서 거기인 인생이고 남들과 달리 생각하면 남보다 나은 인생!!

ㄴ 오늘 밤 당장 침대 위치를 바꾸겠어요. 그리고 체위도? ㅋㅋ

ㄴ 때론 새로운 체위?? 좀 가르쳐 줄 수 없나요~~ㅍㅎㅍㅎ~~

ㄴ 다른 세상에서 다른 인생 한번 살아보고 싶은 거 ^♡^

ㄴ
> 나의 댓글

때때로

때로는
'좋은 하루 되세요'보다
'오늘 대박 날 겁니다'로

때로는
하루 종일 카톡 응답 않다
퇴근길 그녀 집 앞으로 달려가고

때로는
생일에 선물 건네는 '면피'보다
평소에 장미 한 다발 건네기를

때때로 색다른 연출이 감동을 낳고
그 감동은 메아리되어 돌아온다
내게로 반드시!

SNS댓글덧글

ㄴ 가끔은 평상시와는 전혀 반대로, 기대와는 전혀 다르게 행동하는 게 뜻밖의 재미와 감동을 준다는
데 한 표 던집니다.

ㄴ 하루 종일 카톡 답장 안 했더니 울 애인 퇴근길에 우리 회사 앞에 와서 기다리고 있었어요~~헐

ㄴ 오늘 집에 가면서 장미 한다발 사가야겠네요~~ 밥상이 달라지려나?

ㄴ
나의 댓글

누구에게나

내가 싫어하는 사람도
누군가에겐 소중한 가족이고
누군가에겐 다정한 연인이며
누군가에겐 좋은 친구이다

내가 좋아하는 사람도
누군가에겐 힘든 사람이고
누군가에겐 차가운 존재이고
누군가에겐 미움받을 수 있다

누구나 햇볕을 쬘 수 있지만
누구에게나 그림자는 있다

SNS댓글덧글

ㄴ 고무신도 짝이 있고 잘난 사람도 못난 사람도 다 짝이 있는 건, 다 제 눈에 맞는 안경이 있기 때문!!
ㄴ 신이 아닌 이상 누구에게나 장단점은 있다는 말씀. 중요한 건 단점보다는 장점을 취하는 것이리~
ㄴ 예리한 통찰, 따끔한 지적, 통렬한 깨달음!!
ㄴ

> 나의 댓글

그 사람은

그 사람은 늘 웃고 다닌다
그 사람은 다른 사람을 잘 위한다
그 사람은 남이 잘되는 걸 좋아한다
그 사람은 아무 근심걱정이 없는 것 같다

그런 그 사람도
아픔이 있고 문제가 있고 고민이 있다
지나온 시절 고난도 슬픔도 실패도 있었다

당신이 그 사람이고
누구나 그 사람이다

SNS댓글덧글

ㄴ 나도 그 사람이고 그 사람도 나다. 왕공감^^

ㄴ 탁월한 통찰입니다. 잘 웃고 다니는 그도, 아무 걱정 없는 것 같은 그녀도 속을 들여다보면… 나와
    별반 다르지 않다는 걸 알았습니다.

ㄴ 인간이라는 한계성, 유한성 때문에 누구나 비슷한 삶을 살지 않나 싶습니다. 정도의 차이만 있을 뿐
    ~~

ㄴ ┌───┐
    │   │
    │   나의 댓글 │
    └───┘

모순은 모순

시간은 돈이지만
돈으로 시간을 살 수는 없다

첫술에 배부르랴 하지만
시작이 반이라는데

아는 게 힘!
모르는 게 약일 수도?

새 술은 새 부대에 담아라!
구관이 명관이라는데?

못 올라갈 나무 쳐다보지 말라고
열 번 찍어 안 넘어가는 나무 없다는데

그래서 세상은 모순덩어리

SNS댓글덧글

└ 양귀자 님 소설 「모순」에서 읽었던 구절이 생각나요. 남이 행복하지 않은 것은 당연하게 여기고 내가 행복하지 않은 것은 납득하기 어렵다~

└ "유명하지만 조용히 살고 싶고 조용히 살지만 잊혀지긴 싫죠". 이효리가 한 말이에요. 유명인도 모순의 굴레에서 벗어나기 어려운가 봅니다.

└
┌───┐
│   │
│   나의 댓글 │
└───┘

상식에 대한 상식*

부자가 되고 싶은 건 상식인데
모든 사람이 부동산 투자에 나선다면…
상식은 몰상식을 부른다

상식대로 사는 건 상식인데
어떤 상식은 독이 될 수 있다면…
상식은 비상식을 낳는다

상식常識이 '상식上識'이 되려면
상식이 상식을 견제해야 하고
상식이 양식良識을 포함해야 한다

＊ 노명우 아주대 교수 『세상물정의 사회학』 참조.

- -

SNS댓글덧글

ㄴ 지금 대한민국은 상식이란 이름의 비상식이 사회 곳곳에 퍼져 있습니다. 모두가 상식이 상식을 견
제하지 못하고 양식이 배제돼 있기 때문입니다. 그 중 대표적인 게 세월호 사고입니다.

ㄴ 세상의 상식이란 나의 욕망과 필요에 부합될 때만 찾는 것인가 아니면 세상 공리를 위한 상식인가
공리를 빗댄 이기적인 상식은 아닐까??

ㄴ 상식이란 말에 침을 뱉어라 ㅋ

ㄴ ┌--┐
  │   │
  │   나의 댓글   │
  └--┘

우분투! 우분투!*

"가장 먼저 뛰어간 사람에게 바구니 안 과일을 다 주겠다"

말이 떨어지자 아이들은 약속이라도 한 듯 손에 손을 잡고 함께 뛰어가 과일을 나눠 먹었다

"일등으로 달려가면 모든 과일을 혼자 차지할 수 있는데… 왜 함께 갔느냐?"

아이들의 입에서 합창하듯 쏟아져 나온 말
"우분투! 우분투!"

* 우분투UBUNTU: 아프리카 코사Xhosa어로 '우리가 있기에 내가 있다'라는 뜻. 윗 글의
  내용은 한 인류학자가 아프리카 어린이들을 대상으로 실제 실험한 사례라고 함.

SNS댓글덧글

ㄴ 참 감동적인 이야기네요. 1등만이 대접받고 1등 지상주의에 빠진 대한민국 교육풍토에 던지는 묵
   직한 울림이 아닐까요.

ㄴ 멀리 가려면 함께 가고 빨리 가려면 혼자 가라는 말이 떠오릅니다~~

ㄴ '우리가 있기에 내가 있다'… '우리'보다는 '나'만 중시하는 세태에 던지는 경고음! 우분투 우분투!!

ㄴ
```
                                                              나의 댓글
```

다름을 인정하라

떠가는 구름을 보고
어떤 이는 꽃 같다 말하고
어떤 이는 새 같다 말한다

눈이 달라서가 아니라
생각이 다르기 때문

흐르는 세월을 두고
어떤 이는 빠르다 말하고
어떤 이는 느리다 말한다

속도가 달라서가 아니라
각자의 삶이 다르기 때문

다름은 따질 게 아니라
인정해야 하는 것

SNS댓글덧글

└ 현상과 본질은 똑같은데 관점과 해석의 차이가 다름을 낳는 법. 그 차이 때문에 혼란과 갈등이 시작
　되는 법~~

└ "다름에 대한 두려움에서 그것에 대한 정복의 여정은 예정되어 있다".

└ 세월이 빠르다는 건 잘 알겠는데 왜 나이를 먹을수록 세월이 더 빨리 가는 것처럼 느껴질까요?

└ ┌───┐
　 │　　　　　　　　　　　　　　　　　　　　　　　　　│
　 │　　　　　　　　　　　　　　　　　　　나의 댓글 │
　 └───┘

꼴찌에게 갈채를

존재를 잃으면 가슴을 잃고
가슴을 잃으면 자신을 잃고
자신을 잃으면 세상을 잃고
세상을 잃으면 인생을 잃는다*

인생을 잃는 건
실패할 때가 아닌 포기할 때

삶의 목표는 일등이 아니다
포기하지 않고 끝까지 달리는 것

꼴찌로 들어오는 마라토너에게
어찌 갈채를 던지지 않으랴

* 천양희 시 〈상실〉 참조.

SNS댓글덧글

ㄴ 약육강식과 승자독식이 점차 일반화돼가는 사회에서 꼴찌에게 갈채를 보내기란 참 어려운 현실 ㅠ
ㅠ~~

ㄴ 누구나 다 1등일 수는 없고 또 누구나 다 1등일 필요도 없다.

ㄴ 꼴찌가 있기에 일등이 빛나고, 못생긴 나무가 산을 지키고, 못난 자식이 부모 곁을 지키지요.

ㄴ
```
┌─────────────────────────────────────────┐
│                                         │
│                                         │
│                              나의 댓글 │
└─────────────────────────────────────────┘
```

극과 극은 통한다

남과 여
위기는 곧 기회
부정의 부정은 긍정
슬플 때도 웃을 때도 눈물이
로맨스와 스캔들을 관통하는 것은 사랑
마음을 비우면 오히려 행복이 찾아오기도

"가장 행복할 때, 실은 그 옆에 불행이 엎드려 있다. 가장 불행한 때야말로 행복이 깃들 수 있는 터전이 된다"*

극과 극은 통하는 법

* 노자老子. 중국철학자. BC6 『지혜를 파는 나그네』 중.

SNS댓글덧글

┗ 인간사 새옹지마도 있고 기사회생도 있지만 설상가상도 금상첨화도 있으니 극과 극이 통한다고만 볼 수 없다는 생각입니다.

┗ 뚱뚱한 제 남편과 홀쭉한 저, 외향적인 제 남편과 내성적인 저… 둘이 만나 지지고 볶고 잘 살고 있는 거 이것도 극과 극이 통하는 건가요~~??

┗ ┌─────────────────────────────────────┐
  │   │
  │   나의 댓글 │
  └─────────────────────────────────────┘

모순이 희망이다

잘생긴 나무는 베어 나가고
못생긴 나무는 산을 지킨다

날개가 큰 공작은 날지 못한다
날개가 작은 참새는 잘도 난다

덩치가 큰 공룡은 모두 사라졌다
작은 개미는 수억 년째 살고 있다

부자라고 다 행복한 건 아니다
가난하다고 다 불행하지 않다

모순 아닌 모순이
때론 희망을 준다

SNS댓글덧글

ㄴ 모순의 역설인가요 모순의 미학인가요…
ㄴ 모순이 희망이다! 시련과 고난이 닥치는 것은 더 달콤한 열매를 맺기 위한 필요악(?)으로 받아들이
   라는 말로 이해합니다~

ㄴ ┌───┐
   │   │
   │   나의 댓글 │
   └───┘

행복의 기준은 숫자?

왈피리족*에게는 숫자가 1, 2, 3밖에 없다
셋이 넘으면 그냥 "많다"고 한다
음식도 친구도 가축도 셋이면 족하다

그래도 행복하다

현대 물질만능족에게는 숫자가 끝이 없다
아무리 많아도 "적다"고 한다
옷도 자동차도 먹을 것도 셀 수 없이 많다

그래도 행복하지 않다 (?)

＊ 호주 원주민

SNS댓글덧글

ㄴ 많고 적음이 행복의 절대기준이 될 순 없지요. 그렇다고 상대적 기준까지 충족시킬 수 없는 게 문제
　가 아닌가 생각합니다**^

ㄴ 행복의 기준을 남에게 두지 마라. 그것은 그 사람의 행복이지, 그대의 기준치가 될 수 없다.

ㄴ 나이 먹을수록 재산과 명예, 학식과 덕망보다 건강한 몸과 마음 편한 게 행복인 것 같습니다. 70줄
　에 들어선 이 노인네가 살아온 결론입니다.

ㄴ
나의 댓글

내 인생은 아직 5회 말

1, 2회에 고전하다
3회에 점수를 냈는데
4회에 역전당했다

포기할 수 없는
지금은 5회 말
다시 역전할 수 있을까

"내가 5회 말이라면 호랑이 등도 타고 다니겠다"
7회 말이 뒤돌아보며 하는 말

승부의 묘미는 역전에 있는 것
신발끈을 다시 맨다

9회는 아직 저 멀리 있다

SNS댓글덧글

↳ 저는 3회 초인데. 아직 한 점도 못 뽑았어요. 점수를 어떻게 내는지도 몰라요.

↳ 승부의 묘미는 역전에 있다… 장갑을 벗을 때까지는 모른다… 끝날 때까지 끝난 게 아니다…

↳ 5회라면 호랑이 등을 타고 세계를 누빌 때이죠. 문제는 나이가 아니라 의지와 열정의 문제라고 봅니다.

↳ ┌───┐
  │   │
  │   나의 댓글 │
  └───┘

차라리 몰랐더라면

출생의 비밀
애인의 과거
첫사랑의 주소
그이의 딴 여자…

모르면 바보로 살지만
알게 되면 탈이 나고 병이 난다

진실은 중요하지만
불편한 진실은 불편할 뿐이다

"차라리 몰랐더라면 지독한 헛된 꿈이라며 애써 웃으며 참아볼 텐데"*

그래서 "모르는 게 축복"Ignorance is bliss**일수도

… 항상은 아니지만

* 김연우가수 〈널 차라리 몰랐다면〉 중.
** 미국 격언.

SNS댓글덧글

ㄴ 글쎄요. 남의 이야기는 쉽게 할 수 있지만 당사자가 된다면… 님의 글처럼 너그러워질 수 있을까
  왕궁금~~
ㄴ 차라리 몰랐더라면이 아니라 차라리 꿈이었더라면…
ㄴ 불편한 진실도 알아야 할 권리가 있는 거 아닌가요. 그걸 감당하는 것은 스스로의 몫이지만…
ㄴ

나의 댓글

역리逆理가 진리

샘은 퍼낼수록 차오르고
곳간은 비울수록 채울 게 많고
마음은 나눌수록 따뜻해진다

용서는 할수록 너그러워지고
봉사는 많을수록 행복해지고
사랑은 줄수록 커진다

받고 채우고 쌓는 걸 순리順理라 한다면
역리逆理는 주고 비우고 나누는 것

역리가 진리眞理일 수 있다

SNS댓글덧글

↳ 유레카!! 역리가 진리!! 대단한 깨우침입니다~~
↳ 사람들은 순리가 답인지 알고 살지만, 인생에서 순리만으로는 다 채울 수 없는 것들을 역리로 채울
　수 있음을 알게 해주는 역설적인 발견이라 생각합니다.
↳ 분명한 진리 가운데 하나는, 봉사는 많이 할수록 마음이 행복하다는 것.
↳
　　　　　　　　　　　　　　　　　　　　　　　　　　　　　　나의 댓글

뒤집으면 답이 보인다

세금고지서가 날아왔다는 건
내게 소득이 있다는 뜻

고쳐야 할 하수구가 있다는 건
내 집을 소유하고 있다는 뜻

가스요금이 많이 나왔다는 건
지난겨울 따뜻하게 지냈다는 뜻

아침 알람 소리에 깼다는 건
일 할 직장이 있다는 뜻
…

물구나무를 서면
온 지구가 내 땅이다

SNS댓글덧글

ㄴ 역발상의 지혜, 살면서 꼭 필요한 것이죠.

ㄴ 주제와는 좀 다를 수 있지만 층간소음 문제도 뒤집어서 즉 상대방의 입장에서 보면 답이 보일 듯
　　~~

ㄴ 물구나무를 서면 지구가 내 땅이 되는 건가요! 근데 전 물구나무를 설 줄 모르는데 어떡하죠?

ㄴ ┌───┐
　　│   │
　　│   나의 댓글 │
　　└───┘

사람들은

사람들은

거울 속에 비친 자신을 보지만
거울에 낀 먼지는 보지 못한다

남의 결점은 쉽게 눈에 띄지만
나의 결점엔 눈을 감으려 한다

결과에 대한 집착은 강하지만
과정에 대한 집념은 약하다

사람들과 같아선
사람들과 비슷한 삶을 살 뿐…

사람들과 달라져라

SNS댓글덧글

ㄴ 맹목적 편의주의, 맹목적 이기주의가 남들과 비슷한 삶을 살 수밖에 없는 최대의 적!!

ㄴ 보고 싶은 것만 보고, 믿고 싶은 것만 믿으려는 인간의 속성 탓이겠지요^^~

ㄴ 다르지 않으면 다르지 않은 삶을 살게 됩니다. 달라야 다른 삶을 살게 됩니다.

ㄴ
> 나의 댓글

다름

새소리가 노래처럼 들릴지라도
그 새들 중엔 울고 있는 새가 있다

모든 꽃은 아름답게 피어나지만
아무 꽃이나 향기가 나는 건 아니다

달리는 열차는 낭만적으로 보이지만
승객 모두가 낭만을 즐기지는 않는다

생각이 다르고 관점이 다른 건
언제 어느 곳에나 존재하는 것

SNS댓글덧글

└. 다른 것은 다를 뿐이지 틀린 것이 아니다. 사람들의 착각 중 하나는 나와 다르다고 해서 그걸 틀리
다고 인식하는 것이다.

└. 다양한 다름을 폭넓게 수용하고 그걸 조화롭게 이끌어가야 성숙한 민주사회를 이루는 것. 가정이
나 회사도 마찬가지구요.

└.

나의 댓글

가끔은

가끔은 남들이
꿈길을 걷고 있을 때
새벽 숲길을 걸어 보라

가끔은 남들이
승자에게만 박수를 보낼 때
패자의 아픔을 곱씹어 보라

가끔은 남들이
세상살이에 힘들어할 때
내 한 손을 흔쾌히 내어 주라

가끔은 남들이
나와 의견이 다를 때
그의 입장이 되어 보라

가끔은…

SNS댓글덧글

└ 가끔은 남들이 어디론가 바삐 걸어갈 때, 가던 길을 멈추어 보라. …그래도 세상은 달라지지 않는다!

└ 그것을 실천하기 위해 날마다 엎드리고, 그런 마음을 만들기 위해 쉴새 없이 타협하고 실행하고 자랑하지 않으려고 수없이 마음을 꼬집습니다.

└ 가끔은 댓글을 달아주라. 그래야 〈인생 비타민〉을 잘 소화시킬 수 있다 ㅋㅋ

└ ┌───┐
  │   │
  │   나의 댓글 │
  └───┘

딱 1분만

길을 걷다 멈추고 딱 1분만
눈감아 보라
볼 수 있는 것은 기적이다

화가 나거든 딱 1분만
눈감아 보라
화내야 할 어떤 일도 없다

결정할 일이 있거든 딱 1분만
눈감아 보라
보다 현명한 답을 구할 수 있다

맘에 든 여인 앞에서 딱 1분만
눈감아 보라
눈뜰 때까지 기다리면 사랑하라

SNS댓글덧글

└ 1분만 눈감으면 세상만사가 다 해결되네용~~ㅋ

└ 맘에 든 여인 앞에서 1분 동안 눈감으면… 도망가지 않을까요? 보기 싫어서 눈을 감은 줄 알고 ㅎㅎ

└
나의 댓글

기적은 10분이면 충분하다

10분만 일찍 일어나면

하루를 여유롭게 시작하고

10분만 먼저 가면

만남의 주도권을 잡을 수 있고

10분만 화를 삭이면

싸울 일이 사라지고

10분만 더 걸으면

다른 운동을 덜 해도 되고

10분만 더 웃으면

더 행복해질 수 있고

10분만 하루를 돌아보면

내일은 더 나은 삶을 살 수 있다

SNS댓글덧글

ㄴ 하루에 10분만 더 책을 읽으면 멍 때리고 살 일이 줄어든다 ㅋ

ㄴ 10분만 더 생각하면… 생각대로 살 수 있다!

ㄴ 10분의 기적! 그 기적을 믿으며 오늘부터 실천을 다짐합니다. 10년 뒤쯤 기적의 결과를 보고 싶습니다.

ㄴ

나의 댓글

즐겨라, 지금!

고통을 즐기라

씨앗은 썩어야
새싹을 틔운다

애벌레는 고치를 뚫어야
나비가 되어 날 수 있다

종소리를 멀리 보내려면
종鐘이 더 아파야 한다

인생도 더 성숙해지려면
고통이라는 터널을 거쳐야 한다

아플 때 우는 것은 삼류이고
아플 때 참는 것은 이류이며
아픔을 즐기는 것이 일류 인생이다*

* 김용태 『야해야 청춘』 중.

SNS댓글덧글

ㄴ, 그래서 아픈 만큼 성숙해진다는 말이 있나 보네요.

ㄴ, 겪어보지 않은 고통에 대해 왈가왈부하는 것은 금물~~!!

ㄴ, 고통은 인내를 인내는 성숙과 완성을 위한 신의 축복이니
  고통을 통하여 불평하지 말며 비난하지 말며 피하지도 말라
  고통은 삶의 맛을 들이고 인생의 가치와 의미를 주는 지혜의 열쇠다− 〈고통의 미학〉 시를 옮겼습니다.

ㄴ, ┌───┐
   │   │
   │   나의 댓글 │
   └───┘

커피愛 미치다

단 하루라도
마실 수 없고
향기를 못 맡고
여운을 느낄 수 없다면
미쳐버릴지 모른다
– 커피

커피를 마시는 건
여유와 낭만
커피를 아는 건
인생과 사랑
커피를 사랑하는 건
인내와 관용

"악마처럼 검고 지옥같이 뜨겁고,
천사처럼 순수하고 키스처럼 달콤하다"*
– 커피

＊ 타테랑Talleyrand, 프랑스 작가

SNS댓글덧글

ㄴ 커피에 대한 절묘한 표현. 커피를 사랑하는 차원을 넘어선 것 같네요.

ㄴ 어느 작가가 말했답니다. 성공한 여성의 뒤에는 많은 커피가 있었다고^^

ㄴ 베토벤도 한 잔의 커피를 마시면서 60가지의 아이디어를 떠올렸다고 합니다. 커피를 좋아해서 대
음악가가 됐나 봅니다.

ㄴ 각설하고 일단 커피 한 잔 드시죠~~

ㄴ
```



                                                                        나의 댓글
```

일만 할 것인가

노동은 신이 부여한 의무
노동은 인간으로서의 권리
그럼에도 일만 하기에 인생은
너무 짧고 지루하고 가혹하다

하고 싶거든
그것을 하라
즐기고 싶거든
그것을 더 먼저 하라
즐거운 건
해야 할 일보다 하고 싶은 것이다

하고 싶은 것을 하는 건
나 자신에게 주는 가장 큰 선물이다

SNS댓글덧글

└ 지금 이 순간 내가 하고 싶은 건 갯바위에 앉아 바다 낚시하는 건데 ^^

└ 일하지 않고 하고 싶은 것을 하는 건 모든 인간의 소원이겠지요. 하지만 어찌 세상이 그리 맘대로
되는 건가요??

└ 스티브 잡스가 말했지요. "가장 중요한 것은 당신의 마음과 당신의 직관이 내는 소리에 따라 움직
이는 것이다"

└ ┌───┐
  │   │
  │   나의 댓글   │
  └───┘

행복에 유예는 없다

그토록 예쁜 그녀가 내 신부가 된다면
꿈에 그리던 내 집을 마련한다면
1등 복권에 당첨되는 날이면…

참고 미루고 지당 집혀 온 행복을
한꺼번에 보상받을 수 있을까

오늘 못 먹은 밥은 평생 찾아 먹을 수 없다
행복도 그런 것

지금 행복하라
오늘 하루가 즐거우면 평생이 행복하다

SNS댓글덧글

ㄴ 어떤 순간에 행복이나 불행을 느끼는 것은 상황을 어떻게 받아들이며 자신이 가진 것에 얼마나 만
　족하는가에 달려 있다. 달라이라마의 행복론 명언 중에서.

ㄴ 행복을 느껴야 할 시간은 지금이고, 행복을 느껴야 할 장소는 바로 이곳이다.

ㄴ 칸트의 행복론 소개합니다. 첫째, 어떤 일을 하고 있을 것. 둘째, 어떤 사람을 사랑할 것. 셋째, 어떤
　일에 희망을 가질 것.

ㄴ
　　　　　　　　　　　　　　　　　　　　　　　　　　　　　　나의 댓글

취미에 빠져라! 풍덩

가장 자기다울 때
가장 행복해지는 인간
취미를 즐기는 건
가장 자기다워지는 것

자기다움은 스스로 아름다워지는 것
아름다움은 재미에서 나오는 것
재미는 체험에서 나오는 것
최고의 체험은 취미

오늘 취미의 우물에 풍덩 빠져라
그 우물에서 유영遊泳하는 것은
최고의 열락悅樂이다

SNS댓글덧글

↳ 원래 재미라는 말은 스스로自 아름답다美, 즉 자미自美에서 나온 말이라고 합니다. 아름다움美에 미치는美것이 바로 취미라는 뜻.

↳ 독서와 사색, 명상… 취미라고 할 수 있나요?

↳ 해야 할 일보다 하고 싶은 일을 하는 것, 그것이 취미가 아닐까.

↳

나의 댓글

춤을 추자

하늘을 날고 싶냐
춤을 추어라
춤은 하늘보다 무한한 자유다

살아 있음을 느끼고 싶냐
춤을 추어라
춤은 희로애락을 함께하는 것

춤은 삶이고 생명이기에
쿠르트 작스*왈
"춤은 모든 예술의 어머니요. 춤추지 않고서야 어찌 인생을 알리요"

＊ 쿠르트 작스 Curt Sachs. 독일 음악가, 1881–1959

SNS댓글덧글

ㄴ 영화 〈백야〉에서 주인공 니콜라스가 춤추는 모습. 제 평생 잊을 수 없어요~~
ㄴ 춤 하면 차이코프스키의 〈백조의 호수〉가 최고 아닌가요.
ㄴ 춤은 자유다! 자유 좋지요. 춤추는 사람들은 자유를 갈망하기에 프리하게 사는 거 같아요.
ㄴ 춤 잘 추는 사람 보면 늘 부러워요. 저는 항상 엉거주춤이거든요. ㅠㅠ
ㄴ
┌───┐
│   │
│   나의 댓글   │
└───┘

나를 춤추게 하라

살만한 세상이란
나를 즐겁게 하는 것

먼저 자신을 사랑하고
누구보다 내게 친절하고
스스로에게 칭찬을 아끼지 말고
수고했으면 자신에게 선물도 하고
실수해도 관대하게 용서하고…

내가 즐거워야
노래도 나오고 춤도 나온다

나를 춤추게 하는 것
절반은 내게 달려 있다

SNS댓글덧글

ㄴ 이렇게 힘든 세상 살아보려고 발버둥 치는 나를 발견할 때, 나부터 나를 사랑해 주지 않으면 누가
　 나를 사랑해 줄까요.

ㄴ 올 한 해 열심히 산 제게 선물하렵니다. 그동안 꼭 갖고 싶었던 트렌치풍 롱코트. 내 몸은 소중하니
　 까~

ㄴ 자신을 사랑하는 사람만이 진정으로 남을 사랑으로 품을 수 있다~♡♡

ㄴ ┌─────────────────────────────────────┐
　 │　　　　　　　　　　　　　　　　　　　　　　│
　 │　　　　　　　　　　　　　　　　　　　　나의 댓글│
　 └─────────────────────────────────────┘

와인, 빠지다

오늘 또
와인을 마시며
"인비노 베리타스"*

대지와 대양, 비와 바람이
합주合奏로 빚어낸 신의 물방울

달콤한 향기는
그리운 연인의 품 속
감미로운 혀의 느낌은
진한 키스의 여운

인생의 깊이를 아는 자
한 잔의 와인에서 희로애락을 읊는다

사람은 와인을, 와인은 사람을 만들기에

* in Vino Veritas: 라틴어로 '와인 속에 진리가'라는 뜻.

SNS댓글덧글

└ 와인 예찬이 대단하군요. 예찬이 아니라 애찬입니다.

└ 그 아름답고 탐스런 포도가 인간의 거친 발에 짓이겨져야만 즙이 나오고 인고의 세월을 견뎌 내야
　만 깊은 맛의 감동을 다시 우리에게 준다.

└ 와인을 즐기다 보면 갈수록 좋은 와인 즉 고급 와인만을 찾게 된다고 하는데… 가장 정직한 간사함
　은 혀에 있기에 그렇다고 하는데…?

└ ┌──┐
　│   │
　│   나의 댓글 │
　└──┘

카르페 디엠 Carpe Diem*!

인생은
'지금, 여기'에서
이루어지는 삶의 총체

과거와 미래의 집착은
고통의 시작

임제**는 말한다
"나의 생각에는 복잡한 것이 없다.
단지 평상시 옷 입고 밥 먹으며 일없이 시간을 보내는 것이다"

현재를 즐겨라!
과거와 미래로부터 자유로워져라!

카르페 디엠 Carpe diem!

* 카르페 디엠 Carpe diem : 라틴어로 '현재를 잡아라'Seize the day 라는 뜻.

** 임제 臨濟. 중국 당나라 스님. ?-867

SNS댓글덧글

ㄴ 과거란 현재를 즐기지 못하게 하는 훼방꾼이라고 하지요.

ㄴ 발명왕 에디슨의 말 "나는 평생 단 하루도 일하지 않았다. 재미있게 놀았다"… 단 하루도 재미있게 놀지 못하는 이 땅의 비정규직이여!

ㄴ 역사도 현재를 지배하는 자가 과거도 지배하는 법?

ㄴ

나의 댓글

쟁취하라! 자유

자유를 꿈꾸는 사람만이 자신을 옥죄고 있는 담벼락과 만날 수 있다

그 담벼락은
유일한 것, 완전한 것, 자기 충족적인 것, 불멸하는 것…

니체*의 말
"지금 인생을 다시 한 번 완전히 똑같이 살아도 좋다는 마음으로 살아라!"

지금 자유를 쟁취한다면
영원히 주인으로 살기를 결정한 셈

＊ 니체 Nietzsche. 독일 철학자, 1844~1900

SNS댓글덧글

ㄴ 나에게 자유를 달라 아니면 자율을 달라~

ㄴ 자유는 꼭 있어야 할 필수재이지만 남용할 경우엔 필요악이 되곤 하지요.

ㄴ 자유가 피곤할 때도 있죠. 점심시간마다 메뉴판을 들여다보며 무얼 먹어야 하나 고민이 되니~^^

ㄴ

나의 댓글

뛰어내려라

욕망, 소비, 사치를 가득 싣고
브레이크 없이 질주하는
도시와 문명이라는 열차 안에
당신은 올라탔다

입석으로 가기에 불편하고
목적지를 모르기에 불안하다

계속 가느냐, 뛰어내리느냐
당신의 선택은?

언제든지 뛰어내려라
뛰어내리면 자유다

자연이라는 이름의 자유

SNS댓글덧글

ㄴ 무위자연을 설파한 노자의 가르침이군요. 문명은 부자연의 상징이고 자연은 말뜻 그대로 스스로
그러한 즉 '자연'이라는 의미이지요. 사람이 자연을 따라 살면 예악이나 명분 같은 인위적 규제가
없어지니 무위자연이야말로 최고의 스승이자 최상의 가르침이 아닐까요.

ㄴ 인간은 자연으로부터 왔기에 자연으로부터 멀어지는 것은 반역이지요. 모든 질병과 문제의 근원을
들여다보면 자연의 이치를 거스르기 때문이라는 생각입니다.

ㄴ
```
                                                                      나의 댓글
```

노래하라! 노래를

노래를 부르면

마음이 즐거워진다
기분을 바꿀 수 있다
멍때릴 일이 사라진다
듣는 사람도 흥겹다
새들도 따라 부른다
혼자 있어도 외롭지 않다
가수가 될지도 모른다

노래는 내 안에 있는 나의 친구
가까이할수록 친한 친구가 되어준다

고로 노래하라! 노래를

SNS댓글덧글

└ 태교에도 엄마의 노래가 최고라네요~~

└ 노래를 포함한 음악은 평생 친구로 삼아야 합니다. 치료와 회복에도 음악이 필요하고 음악이 중요
한 역할을 할 수 있다고 합니다. 미국에는 71개 대학에 음악치료학과가 있고, 국내에도 숙명여대에
음악치료 대학원이 오래전에 개설돼 있습니다.

└
> 나의 댓글

떠나라! 여행

햇살 고운 아침
떠나라

바람 불어 좋은 날
떠나라

미지의 세계를 탐하는 건
넘치는 설레임, 기분 좋은 두려움

떠나면 멀어지는 게 아니라
가까이 다가오는 것들이 있다
가족, 행복, 그리운 사랑
잃어버린 나까지

어서 떠나라
해가 지기 전에
어둠이 찾아오면 길은 사라지리니

SNS댓글덧글

ㄴ 저 이번 주말에 떠납니다. 네팔 트레킹 15박16일. 잃어버린 나까지 찾을 수 있을지 궁금함을 배낭에 담고~~

ㄴ 바보는 방랑을 하고 현자는 여행을 한다. 여행만큼 설레이는 것 흔하지 않지요. 사랑하는 연인을 만나러 가는 것 빼고^^*

ㄴ 여행은 우리가 알아야 할 모든 것을 다 가르쳐준다. 산티아고 순례길에서 깨달음.

ㄴ ┌───┐
  │   │
  │   나의 댓글 │
  └───┘

지금 하라

할 일이 있거든 지금 하라
내일은 비가 내릴지 모른다

고맙거든 지금 말하라
지나가면 잊어버릴지 모른다

떠나고 싶거든 지금 가라
언제 생각이 바뀔지 모른다

편지를 쓰거든 지금 부쳐라
자고 나면 찢어버릴지 모른다

사랑한다면 지금 품어라
뜨거운 가슴도 금세 식을지 모른다

SNS댓글덧글

ㄴ 밤늦도록 편지 써놓고 아침에 보면 마음의 민낯을 보는 것 같아 찢어버린 경험. 누구나 있지 않나요?

ㄴ 지금 당장 하지 않아 영영 기회를 놓치는 경우도 있습니다. 고백하지 못한 짝사랑!!

ㄴ Just do it! 제가 가장 좋아하는 말입니다.

ㄴ
```
┌──────────────────────────────────────────────┐
│                                              │
│                                    나의 댓글  │
└──────────────────────────────────────────────┘
```

지금 욕망하라

개구리가 땅속에서 튀어나오듯 욕망하라
그러면 봄이 온다

욕망의 거세는 범죄
욕망을 굶기는 건 자해
욕망은 파동이요 파도이며 소용돌이이고 에너지이다

항상 촉을 세워라
욕망은 우주의 컴퓨터를 작동시키는 것

지금 욕망하라
단 아름답게 욕망하라

SNS댓글덧글

- └ 욕망이 없다면, 이 세상은 단 한 발짝도 전진하지 못하리라~~
- └ 우주의 컴퓨터를 작동시키는 것이 욕망이라. 자! 부팅 들어갑니다.
- └ 욕망에 대해 좀 더 깊은 탐구를 한다면, 〈은밀한 욕망을 엿보는 크로스 시즌2〉를 추천합니다. 욕망에 대한 주제를 인문학과 과학적인 시선으로 풀어놨어요. 이 시대의 대표적 논객인 진중권과 글쓰기의 천재인 정재승 박사가 썼어요.

┌───┐
│   │
│   나의 댓글 │
└───┘

지금을 살아라

'지금 여기' 마주한 일에 몰입하라
매 순간 '영원한 현재'를 사는 게 행복

축구할 때는 축구공에만
피아노 칠 때는 건반에만
염불할 때는 오로지 '아미타불'만

"지나간 것을 좇지 말고 아직 오지 않은 일은 마음에 두지 말라. 과거는 이미 흘러가 버렸으며 미래는 아직 이르지 않았다"*

* 석가 『중부경전中部經典』 중.

SNS댓글덧글

ㄴ 지금이 내 인생에서 가장 중요한 순간이다!

ㄴ 세상에서 꼭 필요한 세 가지의 금. 소금 황금 그리고 지금. 그중에 가장 중요한 건 지금!!

ㄴ 과거는 추억이고 미래는 수수께끼!

ㄴ 회사 이름 중 〈지금이아니면안돼〉라는 회사가 있더군요. 참 기발한 이름@@

ㄴ

나의 댓글